JN081578

介護職スキルアップブック

手早く学べてしっかり身につく！

リハビリの知識と技術

生活介護研究所 理学療法士
加藤 慶 著

身体機能の
維持に役立つ
運動 **63**

秀和システム

はじめに

　ついに私の年齢は 50 年を超えました。身体のアチコチに痛みを感じるように
なり、視力は遠くも近くもよく見えなくなってきたこの頃。20 代の頃は予測でし
かなかった高齢者の気持ちを、答え合わせをするかのようにこれから体験できる
ことが私は嬉しく思います。

　「右膝が痛いな。ということは左の股関節も痛くなっていくのかな。そうすると
右肩か腰も痛くなってくるだろうな」と自分の身体の変化を感じながら、「どうす
れば相手を良くすることができるのかな」と努力を重ねていきます。そうするこ
とで、より一層心のこもった相手の立場になれるというものです。

　人はほんの少しでも痛みや体調の不調を感じると「良くなりたい」という気持
ちになります。治れば良いのですが、生涯付き合っていく後遺症や病気もあります。
そこに私たちは何らかの支援をしていくのですが、今では機能訓練を中心とした
リハビリテーションは生活期（旧慢性期）には積極的に行わず、生活の中で目的
をもって行う生活リハビリテーションに重きをおくようになってきました。

　ここ 10 年くらいを振り返ってみても、リハビリテーションの考え方や在り方
の変化の速度は、気を抜くとついていけないほどスピーディになっています。し
かし、変わるものと変わらないものがあるのは世の常です。

　目に見えない心を常に大切にして、自立支援や生活支援を行う、それが介護職
としてのリハビリテーションであることに変わりはありません。心を起こし身体
を起こす。本書がそのきっかけになれば幸いです。

2023 年 11 月　著者

目　次

第1章 リハビリテーションの基礎知識

第2章 介護現場でできる簡単な身体の評価

第3章 リスクマネジメントの知識

第4章 目的別リハビリテーション

第5章 自立のためのリハビリテーション

第 **6** 章　疾患別リハビリテーションの基礎知識

第7章 リハビリケアとしての環境設定

巻末資料

リハビリテーションの基礎知識

　機能回復訓練ばかりがリハビリテーションではありません。本来の意味から、リハビリにおける介護職の役割を考えましょう。

1-1 リハビリテーションの意義と種類

リハビリは「機能訓練すること」だけではなく、広い意味で理解するとよいでしょう。

リハビリテーションとは

関節を動かす訓練や筋力をつける訓練ばかりがリハビリではありません。目に見えない心のケアや、能力障害による社会的不利からの復帰のお手伝いもリハビリです。

●リハビリテーション（Rehabilitation）という言葉の意味
re-（再び）＋ habilis（適した）＋ tion（すること）の複合語です。
●リハビリテーションの意義
人間たるにふさわしい権利・資格・尊厳がなんらかの原因で傷つけられた人に対し、その権利・資格・尊厳を回復すること。

機能回復などの部分的意味にとどまらず、人間全体としての「人間らしく生きる権利の回復」「全人間的復権」を意味するものです。リハビリテーションという言葉は、誰もが「よくなりたい」と思い、誰でもができて、誰もが復帰できる権利があることを示しています。

また、リハビリには次のように様々な分野からのアプローチがあります。

①医学的リハビリテーション

主に医療機関で専門職により行われています。

心身の機能・能力回復など、機能向上を目指しています。

②職業的リハビリテーション

職業訓練校、地域障害者職業センターなどで就労を目的とし、指導や訓練が総合的に行われています。

③教育的リハビリテーション

養護学校、特別支援学級、身体障害者施設などで行われ、障害者（児）の潜在的な能力を引き出していくことを目的としています。

④社会的リハビリテーション

本人の身体的状況やバリア（物理的、制度的、心理的）を解消していくことにより、社会復帰（参加）を目指し、支援を行うことを目的としています。

リハビリテーションで大事なポイント

リハビリを行うにあたり、準備や取り組み方は重要です。

①病気や障害を理解する
②既往や合併症を確認・理解する
③心理を推測し理解を試みる
④合併症・廃用症候群を予防する
⑤「できるADL」と「しているADL」の違いを把握する
⑥生活の質の向上に向けたチームアプローチを行う
⑦制度や社会資源の視点を養う

1-2 リハビリスタッフの心得と役割

リハビリスタッフといっても限定された専門職ではなく、対象者に関わるすべての人を指すと考えるとよいでしょう。

リハビリスタッフとしての心得

病気や障害があっても、その人らしく生活ができるように、様々な分野のスタッフが各サポートを行います。

専門分野のスタッフは自分の分野だけのサポートを行うのではなく、各分野の垣根を越えて包括的に関わることが望ましいのです。また、一人の対象者のサポートをするためには、専門職だけではなく家族や友人、地域のボランティアなどとの連携が必要になってきます。

人と人との関わりの多さが、様々な問題を克服していくポイントなのです。

▼専門職における連携

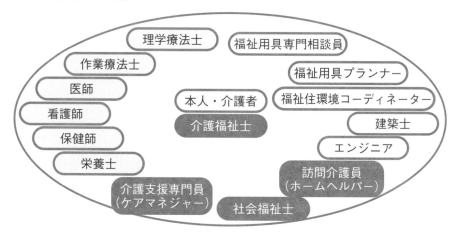

主なリハビリスタッフの役割

医師

治療はもちろん、リスク管理や診断書作成など、幅広い役割を果たします。専門的かつ医学的な視点で、生活支援などについてアドバイスします。

看護師

医師の指導のもと、生活支援の具体的指導や全身管理、異常の早期発見など、専門性を活かして各職種間の連携調整をします。

理学療法士

病気や障害などが原因で起こる機能障害や形態障害に対して、基本的身体運動機能を回復させ、新しい日常生活に向けて様々なアイデアをアドバイスします。

作業療法士

上半身の機能改善を軸に、生活上の動作を習得する練習や工夫を行い、身体の応用能力や社会適応能力の回復を図ります。また、精神機能の専門性に長けています。

言語聴覚士

コミュニケーション能力の治療のみならず、摂食嚥下機能の専門性にも長け、口腔ケアの指導もしてくれます。高度な高次脳機能障害への支援の仕方もわかりやすくアドバイスします。

栄養士

食を通じて、生きていく力を引き出していく専門性を活かし、食による体調管理や腸内環境を整えていくアイデアをアドバイスしてくれます。

1

リハビリテーションの基礎知識

1-3 リハビリにおける 介護職の役割

介護の仕事をしていくことが、リハビリにつながります。お世話をしているだけでは、リハビリにつながりません。

介護職の役割

ただ単にお世話をするのではなく、できることはできるだけ自分で行える状況へと導くような関わりを行っていくこと、それを"介護＝リハビリテーション"と考えます。

心理と身体および社会性を総合的にサポートしていき、個々の生活スタイルを尊重して、自立を促すように努めることが介護職としての役割です。

●**自立支援とは？**
　本人の生きる希望を引き出していく支援をすることです。
●**生活支援とは？**
　本人の生活を尊重していく支援をすることです。
●**自立へのポイント**
　業務や日常生活の支えの中で、対象者に知らないうちにダメージを負わせてしまっていることに気づき、関わりを修正するだけでも、対象者が復帰していく場合がたくさんあります。

お世話・介護・ケアの違い

お世話とは「あるがままにお世話をすること」です。

例）ただ単にオムツ交換をする

介護とは「今よりもよくしていこうと試みること」です。

例）オムツをしている時間を減らしていく

ケアとは「気にかけること」です。

例）今日は暑い日だからオムツ蒸れていないかな

"〜してあげる"という発想から、"〜を支える"という考え方にシフトしていくことが介護のポイントになるでしょう。

"お世話"は専門職でなくてもできますが、"介護"は専門職だからこそ可能であると考えます。そして"ケア"はすべての人ができることです。実践の最初のステップはケアであることを、あらためて認識しましょう。

▼目・口・手の介護

目の介護：見守り
本人が、行うべきことや手順などもわかっている場合に、安全にそれが実行されるかどうかを確認すること

口の介護：指示・指導
動作の手順がわからなかったり、時間がかかるときに、口頭で指示したり、気づかせたり動作のやり方を助言していくこと

手の介護：介助
身体的な動作のすべて、あるいは一部を本人に代わって他の人が行うこと

1

リハビリテーションの基礎知識

ICFの基礎知識

ICFとは、国際生活機能分類の略です。従来の国際障害分類（ICIDH）の改訂版として、2001年より世界保健機関（WHO）で採択されています。

ICFの特徴

ICFの特徴は、「障害」をマイナス思考でとらえていたICIDHとは違い、「生活機能」という、広い観点に着目することにより、障害をプラス思考でとらえている点です。

これまでは問題点を抽出し、問題点を改善していく「マイナスをなくす」ことが中心でしたが、これからはできることを共に発見し支えていく、「プラスを増やす」発想が重要になります。

できないことを「してさしあげる」ではなくて、「どうすればできるようになるか」を考え、今の状況を理解する取り組みをしながら、新たな人生を歩めるようサポートしていくのがICFの視点といえます。

▼ ICIDH：国際障害分類（1980年）

Disease
or   →Impairment→Disability→Handicaps
Disorder   機能障害   能力障害   社会的不利
疾患・変調

ICIDHでは、障害を3つのレベルに分類しました。疾患・変調が原因となって機能・形態障害が起こり、それから能力障害が生じ、それが社会的不利を生むというものです。

▼ ICF：国際生活機能分類（2001 年／ WHO）

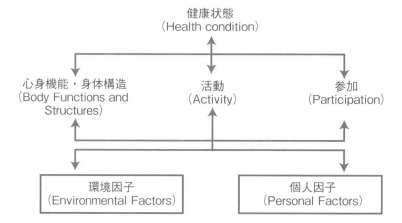

▼ ICF モデルにおける用語の定義

健康状態	病気（疾病）、失調、障害など
心身機能	身体の働きや精神の働き
機能障害	心身機能に障害をきたした状態 例）身体の麻痺、筋力低下、認知症、腎不全など
身体構造	身体の一部の構成（肢体・器官など）のこと
構造障害	身体構造に問題が起こった状態 例）手足の切断、指の欠損など
活動	個人が生きていくうえで役立つ様々な生活行為のこと 例）歩行などの ADL、買い物や調理などの IADL
活動制限	活動が困難になった状態
参加	社会的な出来事に関与したり、役割を果たすこと 例）主婦としての役割、仕事場での役割、友人や地域社会での役割など
参加制約	参加が困難になった状態
環境因子	生活する中での物理的環境や人的環境、社会的環境 例）住環境、支援機器、家族、社会の意識や態度、地域資源、行政サービス、法制度など
個人因子	個人の人生や生活の特有な背景、特徴 例）性別や年齢、性格、価値観、趣味、嗜好、ライフスタイル、生育歴、職業、過去の経験など

Column

深呼吸は真剣に実践すると様々な効果がある

　体操の一環として、何げなく行う深呼吸。真剣に取り組んでみると様々な効果があります。

　高齢者の心肺機能を診てみると、おおむね低下しています。運動をしたくてもできない状況がありますから、当然と言えば当然です。体力がないというよりも、あまり大きく呼吸をする機会がないことが原因と考えてもよいかもしれません。

　深呼吸をじっくり行うと、肺に酸素をたくさん取り込めるため、代謝能力の向上を期待できます。エネルギー代謝効率がよくなると、心肺機能の向上にもつながります。ですから、誰にでもできる深呼吸は、時間をたくさん使って行うとよいでしょう。また、深呼吸は副交感神経優位になるため、排泄ケアにも役立ちますし、ストレスの軽減にもつながります。心を安定させ、体力を向上させるには、深呼吸がきっかけになると考えましょう。

おへその少し下に、両手を重ねて当てます

お腹をふくらませて、鼻から息を深く吸います。口から吸うと感染症にかかりやすいので、必ず鼻から吸ってください

手でお腹を軽く押しながら、息をゆっくり吐きます。息を吐くときは鼻からでも口からでもかまいません

第 **2** 章

介護現場でできる
簡単な身体の評価

　高齢者の身体の状態の変化にいち早く気づくために、関節可動域や筋力などを把握しておきましょう。
　介護職にもできる簡単な評価法を解説します。

2-1 関節可動域について知ろう

関節の動く範囲を覚えておくと、忙しい業務の中でも身体状況を把握するのが容易になります。

関節可動域測定とは

関節可動域測定の目的は、一般的には測定することによって関節の動きを阻害している因子を発見することです。

- 障害の程度を判定する
- 治療法への示唆を与える
- 治療、訓練の評価手段となる

介護職が行う関節可動域測定

リハビリテーションの専門家のように角度計を使い関節の動く範囲を測ってもよいですが、忙しい介護職としてはデジタルカメラなどを使い、画像を残しておく方法が、後から見てもわかりやすいためオススメです。

◆**写真を撮るコツ**
写真は正面・横・真上など多方向から撮ると、よりわかりやすいです。なお、最初にイスに座って撮ったら、次回の検査時にも同じようにイスで撮るほうがよいでしょう。

ポイント①頸と身体が左右均等に回るか

　これは寝返りや起き上がり動作時などに必要な動きを診ています。動きが硬くなると、寝返り、起き上がり動作がしにくくなります。

【前】

【真上】

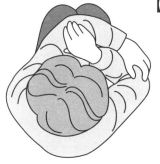 

ポイント②バンザイができるか

これは起居移動動作時や衣類着脱動作時などに必要な動きを診ています。また、肩の痛みの有無を知ることもできます。

【前】

【横】

【横】

> 寝ころんで肩を上げると、座って行うよりも上げやすくなります。仰向けができる方なら、寝ころんで行うとよいでしょう

ポイント③「ようこそ」ができるか

これはベッド柵を利用して起き上がるときや衣類着脱動作時、または肩の痛みの有無を知るために診ています。

【前】

【真上】

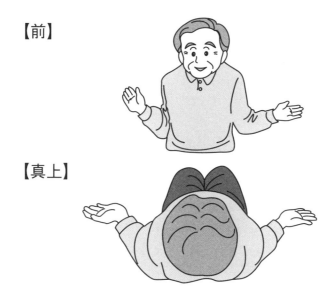

ポイント④両膝抱えができるか

これは腰痛の原因や腰骨、股関節、膝関節の動きがなめらかなのかを診ています。いずれかの関節の動きが硬くなると抱えることができなくなります。

ポイント⑤膝がピンと伸びるか

これは腰がさらに曲がる傾向にあるかを診ます。気がつかないうちに膝が曲がると歩きにくくなります。

ポイント⑥足首をぐるぐる回せるか

これは足の柔軟性を診ています。硬くなると転倒しやすくなります。

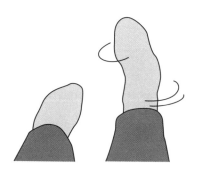

●注意

　必ず、最初に撮った写真と同じ環境や姿勢で行うことが重要です。見比べる対象条件が異なると、評価にはなりません。Before と After が大事です。

▼関節可動域（ROM）の測定方法と参考可動域角度

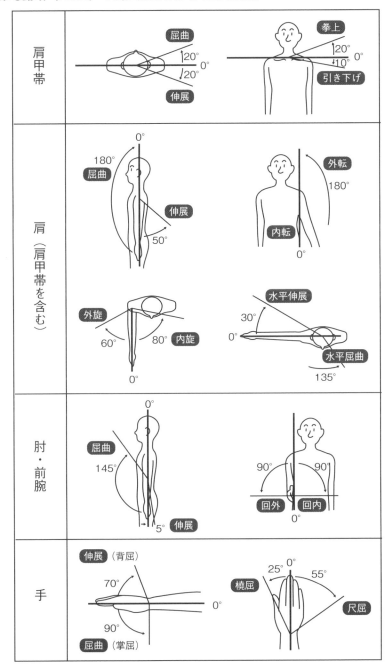

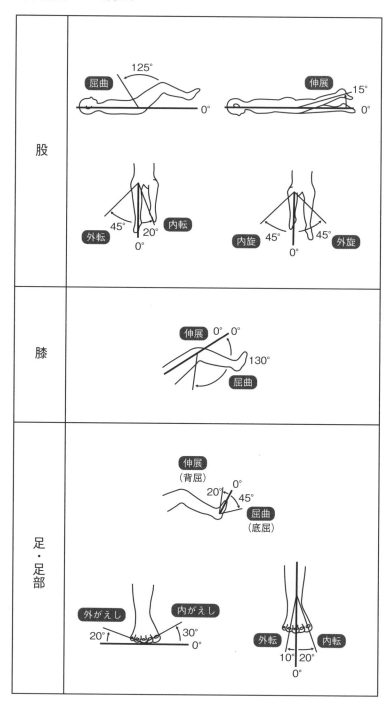

股	
膝	
足・足部	

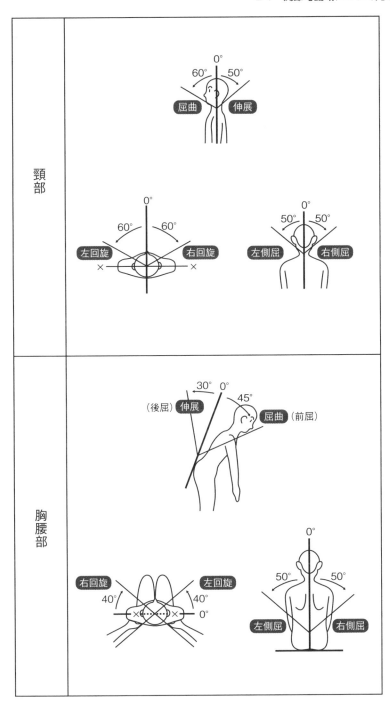

2-2 筋力検査をやってみよう

筋力は人が活動していくのに不可欠であり、どのくらいの力があるのかを知ると介護の方向性を示しやすくなります。

筋力検査とは

筋力検査の目的は、測定することによってマヒや廃用性筋萎縮などの筋力を量的に理解することです。

- 診断の補助
- 運動機能の判定
- 治療方法の決定
- 治療効果の判定
- 治療の一手段

介護職が行う筋力検査

専門家のように個々の筋力を評価するために、徒手筋力テスト（MMT）を行ってもよいのですが、MMT は、検査をする人の主観によって評価に大きな違いが出ます。介護職が筋力検査を行う場合は簡単に測れる方法をとり、「できる」「できない」といった判断を基準にするとわかりやすくなるでしょう。ここでも関節可動域テストと同じように再現性を重視し、同じ環境下で同じ人間が行うことが好ましいです。

握力で全身の筋力を診る

握力は高齢になっても著しく低下する傾向は少なく、全身の筋力を診るときにも参考になります。

方法

立位あるいはイス（車イス）に座った姿勢で、人さし指の第2関節が直角になるようにグリップ幅を調節し握ります。

注意

- 測定は二度行い、2回目の測定値を記録すること
- なるべく肘を伸ばして握力計を垂直に保つこと
- なるべく肩を上げたり機器を持ち上げないこと

判定

左右差や前回の結果と差がないか見比べます。

Column 握手の強さで生命力を診る

一見、力のなさそうな、たとえば寝たきりになっている方に「力いっぱい握ってください」と言うとギュッと強く握り返されることがあります。生きる気力のある方は、皆さん力強いものです。もし、力強く握り返すことができるなら、寝たきりになっている必要はありません。

大腿周経で下肢筋力を診る

　太もも（大腿四頭筋）の太さを計測すると、歩く力や立っているときの筋力を診るときに参考になります。

方 法

①メジャーと印をつけるペンを用意
②膝蓋骨（膝のお皿）の中央最上部から 10cm のところに印をつける
③周径を計測

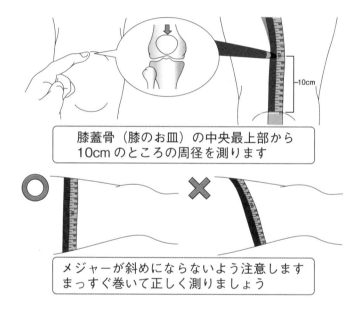

膝蓋骨（膝のお皿）の中央最上部から
10cm のところの周径を測ります

メジャーが斜めにならないよう注意します
まっすぐ巻いて正しく測りましょう

注 意

　メジャーは斜めにせず、まっすぐになるように注意します。斜めにすると数値が変わってしまいます。

判 定

● 左右差や前回の結果と差がないか見比べる
● 周径数値が前回より下がっていたら筋力低下と考える

下腿周経で健康状態を診る

ふくらはぎの太さを計測すると、転倒しやすい傾向かどうかや、心臓や血管の健康状態を知る参考にもなります。

方法

①メジャーを用意
②ふくらはぎ（腓腹部）の一番太いところを探す
③周径を計測

注意

メジャーは斜めにせず、まっすぐになるように注意します。斜めにすると数値が変わってしまいます。

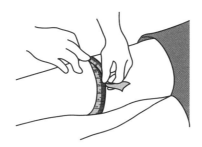

ふくらはぎの筋肉には特に大事な働きがあります。それは心臓の補助ポンプのような働きです。筋肉が衰えると血管まわりの筋肉の収縮性がなくなり、この働きが低下するため、血液を循環させるのに心臓がたくさん拍動する必要が生じます。そのため心臓の負担が大きくなってしまいます。逆に筋力と筋肉の柔軟性が十分にあると、心臓の負担は少なくなると考えられます。また、下腿前面についている、前脛骨筋というつま先を上げる筋肉が衰え痩せると、つまずきやすくなります。このように、下腿周経は様々なことがわかる簡単な評価といえます。

座位バランスがとれるかを診る

ベッド端で座位バランスがとれれば、イスに座れる筋力があるのかを診るときに参考になります。

方法

①対象者の足が床につく高さにベッドを下げる
②ベッド端で座位姿勢をとる

注意

● ふらつきがある場合があるため、いざというときは転落しないように支えること
● 下肢の拘縮が強い場合は無理に行わないこと

判定

介護者の支えがなくてもある程度の時間（1 分〜 10 分）座位姿勢ができれば、イスへの乗り換えを検討してみましょう。

端座位ができないうちに、車イスを利用しすぎると、身体を支える筋群（脊柱起立筋群）の力が使われづらくなるため"ズリ座位"の原因につながることもあります。バイタルが不安定な方には、座位を積極的に行うのは避けましょう。

お尻上げができるかを診る

ベッドで横になっているときにお尻が上がれば、立てる可能性があるのかを診るときに参考になります。

方法

①ベッドで横になった状態で行う
②両膝を立てて、ゆっくりとお尻を上げる（オムツ交換のときに確認してもよい）

注意

お尻を上げられるからといって、必ず立位ができるわけではありません（股・膝・足関節の拘縮が強すぎると、立ち上がりへの実践は難しい）。

判定

少しでもお尻が上がれば、立位への可能性はあります。

おむつ交換時などにお尻を上げることができているにも関わらず、寝たままになっている方がいます。お尻を上げる筋肉群は、立ち上がるときに使う筋肉群とよく似ているので、もしお尻が上がるなら「立てる可能性があるのでは」と考えるとよいでしょう。

◆筋肉の特性
- 1日で3％ダウン
- 1日さぼると取り返すのに1週間かかる
- 1週間さぼると取り返すのに1か月かかる
- 100歳になっても筋力はつく
- 車イスに乗り続けると立ち上がる筋力が低下しやすい

感覚検査をやってみよう

感覚はあまり介護現場では重要視されませんが、本人の立場で考えれば、知っておきたい情報です。

感覚検査とは

感覚検査の目的は、相手に聞いたり触れたりすることによって、マヒや骨（こつ）の変性による神経症状からの感覚異常を理解することです。

◆感覚の種類
- 表在感覚：温覚、触覚、痛覚
- 深部感覚：振動覚、位置覚
- 複合感覚：立体覚、皮膚書字覚、2点識別覚

介護職が行う感覚検査

様々な感覚検査がありますが、介護職としては表在感覚である温覚や触覚、痛覚を理解しておくと"相手の立場"になれる要素となります。

検査の時間を別に作ってもよいですが、慣れればコミュニケーションをとるときにさりげなくできます。主に脳卒中の後遺症を診るテストですが、頸（けい）椎症や脊柱管狭窄症（ついしょう せきちゅうかんきょうさくしょう）などからくる感覚異常も理解しておくとよいでしょう。

温覚テスト

方法

①お湯（約40℃）と水（約10℃）を入れたコップを用意する
②気になる部位に左右交互に3秒くらいずつ当てて、「温かい」か「冷たい」かを答えてもらう

注意

お湯や水の温度に注意します。

判定

　感覚を左右で比べる。「鈍い」「まったくわからない」「正常」などの表現を使うとよい。

触覚テスト

方法

①ティッシュや指先で腕や足の下から上（上から下でもよい）に向かってなぞるように軽く触れ、左右の感覚を比較する
②本人には触れたら「はい」と答えさせる。また、触れた感じを答えさせる。たまに触れるふりをして聞いてみる

注意

指先で行うときには圧迫しないようにすること。

判定

　感覚を左右で比べる。「鈍い」「まったくわからない」「正常」などの表現を使うとよい。

2-4 痛みの検査をやってみよう

痛みは身体の異常を知らせてくれる警報でもあるため、痛みを知る努力は、必ずケアにつながります。

痛みの検査とは

痛みの検査の目的は、本人（主観的）の訴えを元に、痛みの起こる背景や部位・感覚を理解することです。

◆**痛みの種類**
- 急性痛：組織の損傷による痛み
- 慢性痛：急性痛とはまったく異なる痛み

介護職が行う痛みの検査

実は痛みというものは、客観的には測ることができません。本人が「痛い」と言えば痛いものであると受け止めることが重要になります。「高齢者だから」とか「大げさだな」「精神的なものだ」と軽くみてはいけません。

痛みは刺激に対する感受性や過去の経験、周囲の環境などの因子が影響するため、痛みを知る努力をすることによって本人の人生や生活の背景がわかることがあります。次ページの図のようなスケールでチェックすると、その日の心身状態が直感的に理解できることも多いため実施するとよいでしょう。

方法

「今の痛みは 0 ～ 10 のうちどれくらいか指で指してください」と指示。また、「痛みはどんな痛みですか」と聞くとよい。

注意

言葉かけはゆっくりと和やかに。本人が書き込んでもよい。

判定

「ズキズキする痛み」や「ドーンとした重だるい痛み」、「針で刺すような痛み」などを表記する。

▼痛みを表すペインスケール

視覚的評価スケール：VAS（Visual Analog Scale）
10cmの直線の左端は「痛みなし」、右端は「これまでで最悪の痛み」として、現在感じている痛みがどの位置にあるかを示してもらいます。

痛みなし　　　　　　　　　　　　　　　　　　　　　　　　最悪の痛み

数値評価スケール：NRS（Numeric Rating Scale）
「0：痛みなし」から「10：これまでで最悪の痛み」の11段階のうち、現在感じている痛みがどのレベルかを数字で示してもらいます。

0　　1　　2　　3　　4　　5　　6　　7　　8　　9　　10

簡易表現スケール：VRS（Verbal Rating Scale）
痛みの度合いを「痛みなし」「軽度」「中等度」「強度」「最悪の痛み」のどれかを表してもらいます。

痛みなし　　　　軽度　　　　中等度　　　　強度　　　最悪の痛み

なじみのある評価ではありますが、実際に動作を行っているところを見ずにイメージのみで記載するなど、正しく評価できていないのが現状です。

ADL評価とは

ADL 評価の目的は、本人の日常生活における活動が、今よりもよい状態に改善できるのかを理解することです。

> ◆ ADL の項目
> ● 身の回り動作（食事、更衣、整容、排泄、入浴）
> ● 起居移乗動作
> ● 移動動作

介護職が行うADLの評価

厳密な評価はやはり再現性を高めることが重要で、それには環境条件、被験者の疲労度、心理的要素、評価する側の習熟度、理解度などが関わってきます、しかし、介護現場で重要なことは、実際に行っている姿を必ず見てから評価用紙に記載することです。それをルールとしましょう。

▼代表的な ADL 評価方法（バーセルインデックス：Barthel Index）

	項目	点
食事	10 = 自立（自助具などの装着可、標準的時間内に食べ終える） 5 = 部分介助（たとえばおかずを切って細かくしてもらう） 0 = 全介助	0 5 10
入浴	5 = 自立 0 = 部分介助または全介助	0 5
整容	5 = 自立（洗面、整髪、歯磨き、ひげそり） 0 = 部分介助または全介助	0 5
着替え	10 = 自立（靴、ファスナー、装具の着脱を含む） 5 = 部分介助（標準的な時間内、半分以上は自分で行える） 0 = 上記以外	0 5 10
排便コントロール	10 = 失禁なし（浣腸、坐薬の取り扱いも可能） 5 = ときに失禁あり（浣腸、坐薬の取り扱いに介助を要する者も含む） 0 = 上記以外	0 5 10
排尿コントロール	10 = 失禁なし（収尿器の取り扱いも可能） 5 = ときに失禁あり（収尿器の取り扱いに介助を要する者も含む） 0 = 上記以外	0 5 10
トイレ動作	10 = 自立（衣服の操作、後始末を含む。ポータブル便器などを使用している者はその取り扱いも含む） 5 = 部分介助（身体を支える、衣服・後始末に介助を要する） 0 = 全介助または不可能	0 5 10
車イスからベッドへの移乗	15 = 自立（ブレーキ、フットレストの操作も含む。歩行自立も含む） 10 = 軽度の部分介助または監視を要する 5 = 座ることは可能であるがほぼ全介助 0 = 全介助または不可能	0 5 10 15

2

介護現場でできる簡単な身体の評価

歩行	15 = 45m 以上（車イス・歩行器を除く補装具の使用の有無は問わない） 10 = 45m 以上の介助歩行（歩行器の使用を含む） 5 = 歩行不能の場合、車イスにて 45m 以上の操作可能 0 = 上記以外	0 5 10 15
階段昇降	10 = 自立（手すりなどの使用の有無は問わない） 5 = 介助または監視を要する 0 = 不能	0 5 10
合計（0-100）		点
患者氏名	評価者　　　　　　　評価日	

Column

なぜ評価をしなければならないか

　日々一生懸命に働いていると、1か月や3か月はあっという間に過ぎてしまいます。そういったときに、いつのまにか介護対象者のレベルが落ちてしまうことがあります。見た目で気づいてから機能向上の取り組みをしても「時すでに遅し」ということとなります。

　そうならないために、評価は必要不可欠なのです。"気づきのための評価"と位置づけるとよいでしょう。

第 **3** 章

リスクマネジメントの知識

　高齢者が生活していく上で、起こる可能性の高い事故などのリスクについて、予防や対処の方法を知っておきましょう。

3-1 リスクのとらえ方

生活をしていれば必ず何かしらのリスクがあります。防げないリスクと防げるリスクに分けて意識すると、活動がしやすくなります。

リスク・リスクマネジメント・危機管理の定義

リスクとは、私たちが生活していれば必ず発現する「事象」であると考えましょう。

リスクマネジメントとは、簡単に言えば「転ばぬ先の杖」。前もって転ばないように準備することであると考えましょう。

危機管理とは、事象（転んでしまった）が起こった後に、素早く対応することであると考えましょう。

▼リスクマネジメントと危機管理の違い

リスクマネジメント	リスクが現実のものとならないように（回避したり影響を低減できるように）リスクを管理すること
危機管理	リスクが現実のものとなった際に、損失や影響を最小限に抑えるように管理すること

介護職としてのリスクのとらえ方

人が生活していれば、リスクはつきものです。しかし、だからと言って「仕方がない」とかたづけてしまってはいけません。防げるリスクは、日々の業務の中でたくさんあります。自分自身でできるリスクマネジメント、チームで行うリスクマネジメントを理解し、実践していくことが大切です。

リーダー職としてのリスクのとらえ方

　リーダーという責任ある職務にあると、リスクを恐れすぎて"事故をゼロにする"を目指してしまいがちです。しかし、"事故ゼロ"を目標にするのはおすすめしません。

　ひとたび事故が起これば、職員のミスとして責任を追及してしまうこともあるでしょう。追及された職員は「今度は失敗しないように」と取り組みますが、それでも事故は起こります。すると、「また失敗した」と必要以上に落ち込み、モチベーションは低下、中には辞めてしまう職員も出てきてしまうかもしれません。

　また、「失敗しないように」とリスクを回避し、業務をひたすらこなすだけの現場になる可能性もあります。そういった職場を作ってしまう要因が"事故ゼロ目標"かもしれません。

　前述したように人が生活している以上、事故などが起こるリスクはつきものです。そして、その生活を私たち介護職は支えているのです。事故に関しては、防げないものと防げるものの違いを認識し、目指すのは"防げる事故をゼロ"とするとよいでしょう。

Column 　　"安全"の反対は"危険"ではない

　"安全"の反対語は"危険"であると辞書などを見ても書いてあります。しかし、生活の場という介護現場で働いていると、安全と危険の境界線は実に曖昧です。安全の境界を越えると、突然に危険となるかといえば違います。「危ないな、大丈夫かな」と思う時点では安全でもなく危険でもないはずです。よって、安全の反対は"不安全"であると考えるとよいでしょう。不安全というものは安全かもしれないけど危険でもある"わからない"という境界線です。この"わからない"という境界線を恐れすぎると相手の意思を制限してしまい、いわゆる尊厳を傷つけてしまうことにもつながります。問題なのは、安全であると思い込んで不安全な状況を意識しないことなのです。

3

リスクマネジメントの知識

3-2 様々なリスクの予防と対処法

高齢者が生活していく上で起こる可能性が高いリスクを取り上げ、防ぐ方法や対処法を解説します。

転倒

転倒は"防げないリスク"です。転倒する要素が少なくなるように準備をし、もし転倒してしまったら素早く対応できるようにしましょう。

▼転倒のリスクマネジメントと危機管理
※転倒してからではなく、前もって準備をしましょう。

転倒前	・見守り、声かけなどの介護を行う ・アセスメントでふらつきなどのリスクを発見したら家族に連絡。ケアプランで対応策を計画 ・あらかじめ、転倒後の対応を家族に伝えておく　など
転倒時	・救出と状況把握、打撲部やすり傷などの確認 ・場合によっては救急搬送 ・家族への連絡　など
転倒後	・入院中はお見舞いなどを当然行い、本人へ声かけ。けがの程度、回復期間、退院時期などの情報を把握 ・退院後、細やかなケアプランを作成。家族にも会議に参加してもらうなど、復帰に向けての取り組みを実施する　など

感染症

　感染症は"防げるリスク"です。しかも、予防は個人レベルでできます。うがいや手洗いといった予防の実践は、癖になっている状態が好ましいです。

　これは感染症予防の実践ですが、リスクマネジメントの実践でもあります。併せて、環境を清潔に保つ実践、つまり部屋などの掃除も必要になります。

▼感染予防のためのうがい・手洗いの方法

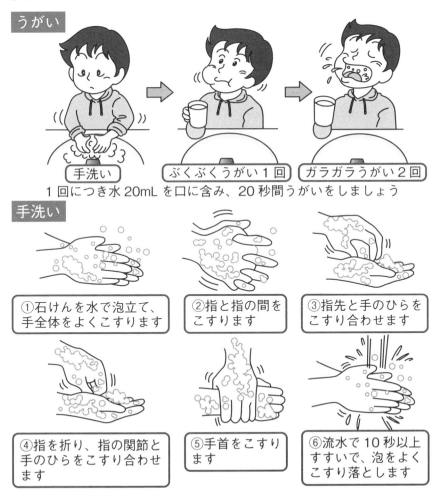

車イスに座り続ける

車イスに座り続けていると、立ち上がる力が低下してしまいます。また、背中の筋肉（脊柱起立筋群など）の負担が大きくなり、慢性腰痛の原因となります。

しかし、これらのリスクは"防げるリスク"です。座位バランスがある方は、車イスからイスに乗り換える実践をするとよいでしょう。時折、イス座位から立ち上がると、腰の痛みから一時的に解放されます。車イスは、イスではなく"運搬車"であると理解しましょう。

▼**車イスに座り続けるリスク**

車イスに座り続けていると、立ち上がる力が低下します。
また、背中の筋肉の負担が大きくなり、慢性腰痛の原因にもなります

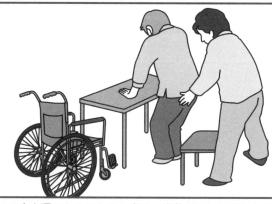

車イスは人を運ぶためのものと考え、座位バランスがとれる人なら
車イスに座りきりにさせず、イスに移乗してもらいましょう

寝たままでの排泄

　寝たままで排泄をするリスクには、①血圧上昇のリスクと、②膀胱炎のリスクがあります。

　寝たままでいると、排泄時に必要な筋力も低下してしまいます。特に排便時に腹圧をかけようと力一杯イキむと血圧は急激に上昇し、危険な状態になる場合があります。

　また、寝たままの排尿は膀胱内に尿が残り、細菌が増殖しやすい環境と言えます（腸内からの細菌により膀胱炎になることも多いです）。

　いずれも"防げるリスク"です。排泄時にはなるべくポータブルトイレや普通のトイレに座って行うとよいでしょう。

▼排尿後の膀胱の様子

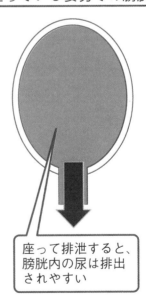

寝ている姿勢での膀胱	座っている姿勢での膀胱

寝たままで排泄すると膀胱内の尿が完全には排出されず、膀胱炎につながる

座って排泄すると、膀胱内の尿は排出されやすい

リハビリ実施での注意と中止基準

リハビリテーションを行う前に必ず理解をしておかなければならないことです。これも"防げるリスク"です。

リハビリを行う上での注意

リハビリテーションはその種類や頻度に関わらず、少なからず身体に負荷がかかります。行う前には必ずバイタルサインのチェックをするようにしましょう。

▼バイタルサインのチェック

体温

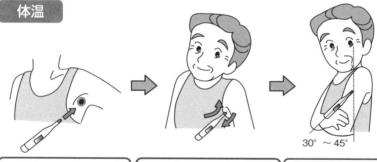

30°〜45°

温度計の先端は、温度が高いわきの中心に当てます	少し押し上げるように温度計をわきの下に差し込み、腕を下ろしてはさみます	わきと体温計が密着するように、腕を軽く押さえます

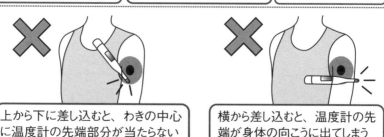

上から下に差し込むと、わきの中心に温度計の先端部分が当たらない	横から差し込むと、温度計の先端が身体の向こうに出てしまう

脈拍

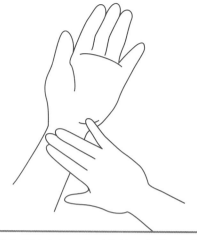

①血管の拍動を感じるところ（手首の内側、親指のつけ根の下）を人さし指、中指、薬指の3本で押さえます
②15秒間脈拍を数えます
③その数を4倍して、1分間の脈拍とします

血圧

イスに背筋を伸ばして座ります

マンシェットを巻く部分を、心臓と同じ高さにします

腕に力を入れないよう注意します

3

リスクマネジメントの知識

◆バイタルサインの正常域の目安（個人差があります）
- 体温　35.5℃～ 37℃
- 脈拍　60 ～ 100 回／分
- 血圧　100 ～ 140 ／ 60 ～ 90mmHg

リハビリの中止基準

　高齢者の代表的な慢性疾患には高血圧症・心疾患などがあります。運動することによって血圧が上がり、血管や心臓に負担がかかるため、高血圧症や心疾患患者さんの訓練については、下記のような基準があります。介護職にとっては、あまりなじみのない基準かもしれませんが、リハビリテーションを行うときには大変重要なものです。

◆**心疾患の訓練に対する基準（土肥・Anderson）**
1) 訓練を行わないほうがよい場合
　　①安静時脈拍 100 ／分以上
　　　拡張期血圧 120 以上・収縮期血圧 200 以上
　　②動作時しばしば狭心症を起こすもの
　　③心筋梗塞発作後、1 か月以内
　　④心房細動以外の著しい不整脈
　　⑤動作時に動悸、息切れ
2) 途中で訓練を中止する場合
　　①中等度の呼吸困難が出現した場合
　　②めまい・嘔吐・狭心症が出現した場合
　　③脈拍が 140 ／分以上になった場合
　　④ 1 分間に 10 回以上の不整脈が出現した場合
3) 途中で訓練を休ませて様子を見る場合
　　①脈拍数が運動前の 30％以上増加
　　②脈拍数が 120 ／分以上
　　③ 1 分間に 10 回以下の不整脈
　　④軽い息切れ・動悸

第 4 章

目的別リハビリテーション

痛みを和らげる、関節が硬くなるのを防ぐなど、目的別のリハビリテーションを紹介します。

4-1 痛みを和らげる方法

相手が「痛い」と言えば、すべて本当の痛みであると理解し、緩和する取り組みを実践していきましょう。

痛みを和らげる方法

痛みは自律神経のバランスを崩すため、バイタルなどにも影響があります。薬物療法もありますが、私たち介護職はストレスを緩和することを中心に実践しましょう。

◆**痛みを和らげる方法**
- 温める
- 楽しい会話
- マッサージ
- ストレッチ
- 関節を動かす
- 筋力をつける

痛みが発生すると、脳は自律神経のバランスを無視して、交感神経を優位に興奮させます。長い間痛みが続けば他の身体機能にも悪影響を及ぼすため、痛みを和らげる方法として、副交感神経を優位にするとよいと考えましょう。つまりはリラックスタイムを増やすとよいのです。

痛みを和らげるために①

4-2 温める

温めると血流がよくなり、簡単にリラクセーション効果が望めます。

お風呂が一番

入浴は全身の血液循環をよくするため、最も簡単な方法でしょう。たまに夜間入浴をすると、特別扱いのようで気分もよくなり、効果はさらに期待できます。関節拘縮(こうしゅく)や褥瘡(じょくそう)などの痛みにも効果が大きいです。

身体機能面のリラックス状態の作り方

リラックス状態になると副交感神経は優位になります。痛みが和らぐ湯船の温度は 39℃（冬は 40℃）のぬるめのお湯です。入浴の時間はだいたい 15 〜 20 分が望ましいです（意外に長風呂です）。

入浴後は冷房などで急激に体温を下げることはせず、タオルでしっかりと身体を拭いて、ゆっくりと温度を下げていくようにしましょう。

4

目的別リハビリテーション

▼リラックスできる湯温

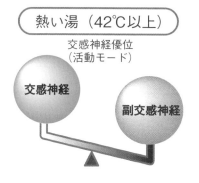

熱い湯（42℃以上）

交感神経優位
（活動モード）

交感神経　副交感神経

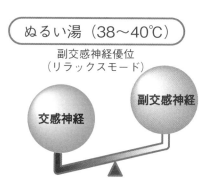

ぬるい湯（38〜40℃）

副交感神経優位
（リラックスモード）

交感神経　副交感神経

53

ホットパックを作ってみよう

　病院のリハビリ室でよく見かけますが、自宅にあるもので簡単に作ることができます。

▼ホットパックの作り方

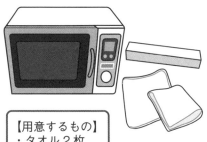

【用意するもの】
・タオル2枚
・サランラップ
・電子レンジ
・水

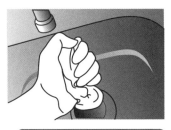

①タオルを1枚、水に浸してから軽く絞ります

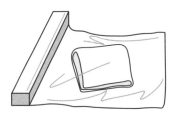

②そのタオルをラップに包み、電子レンジで加熱します（オート）

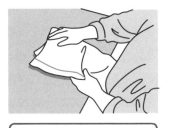

③ラップに包んだままのタオルを、もう1枚のタオルで包めば完成

④温熱効果は10〜15分ほどあります。痛みのある部分を温めましょう

注意
皮膚が弱い、感覚鈍麻など、ホットパックが適さない方もいるため、事前に医師・看護師に相談しましょう。

痛みを和らげるために②
楽しい会話とマッサージ

　少しでも時間が空けば、ふくらはぎのマッサージをしてみましょう。その際に相手が楽しくなるような会話をするとリラックスでき、血流もよくなります。

ふくらはぎのマッサージ

　なぜ肩ではなく、ふくらはぎなのでしょうか。

　相手が体調不良の場合、肩のマッサージを行うと、血栓などの塞栓子が肩に近い位置にある脳や心臓に飛んでしまうリスクが、まれにあります。

　ふくらはぎの血管は脳や心臓に遠いため、血栓が飛ぶリスクが低くなります。ですので、初心者は肩ではなく、ふくらはぎからマッサージを行うほうがよいでしょう。

　なお、炎症や下肢静脈瘤がある場合には、医師や看護師に相談しましょう。

▼ふくらはぎのマッサージ

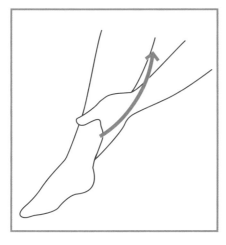

方法
①末梢から中枢へ
（下から上に向かって）
②手のひらで優しく包み込むように行う
③左足を行ってから右足へ
④時間は1〜5分程度
（最初は短めに）

注意
マッサージ時には指でギュッと押さえないようにしましょう。

楽しい会話

　相手が「楽しい」「嬉しい」という気分になる会話は、モチベーションが上がるきっかけになります。モチベーションが上がるとドパミンが中脳から放出され、脳の淡蒼球という部分に作用して、脳内麻薬と言われる物質エンドルフィンが出され、"痛みが抑えられる"とも言われています。

　「気持ちいい」「褒められる」という刺激でもドパミンは放出されるようです。マッサージは「気持ちいい」ことですし、さらにその際に「褒める」ことができれば、"痛みを和らげる"実践にもつながるかもしれません。

▼モチベーションが上がると痛みが和らぐ

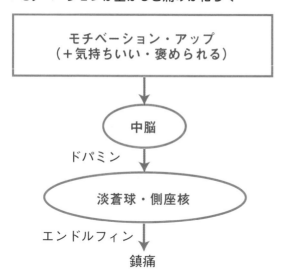

痛みを和らげるために③

4-4 ストレッチ

　ストレッチを行うと血流がよくなり、リラックス効果を得られるため、痛みを和らげる実践としては有効です。また、関節可動域も広がるため運動がしやすくなります。

ストレッチで身体と心をほぐす

　ゆっくり呼吸しながらストレッチを行うとリラックス状態になります。これは呼吸をしながら筋肉を伸ばすと脳内のセロトニン分泌が促進されるためであると言われています。セロトニンは不安を和らげ沈静効果をもたらす神経物質であるため、身体だけでなく心もほぐれるということです。

▼ストレッチを行う際の基本的注意

●ストレッチの基本
①身体が温まった状態で
　行う
②反動をつけない
③呼吸を止めない、
　止めさせない
④姿勢は正しく
⑤どこを伸ばしているか
　を意識する
⑥痛気持ちいいところ
　まで伸ばす、
　欲張らない
⑦ゆっくり10数える
　（20秒ぐらい）

4-5 肩の痛みがある

肩の痛みにもいろいろとありますが、イスや車イスに座り続けていると、僧帽筋や広背筋を中心に硬くなり、肩の痛みにつながります。

肩の痛みの原因

肩などの重だるい痛みは、僧帽筋（そうぼうきん）が硬くなっていることが主な原因です。手が上に上がりにくくなってきたら、広背筋（こうはいきん）に着目するとよいでしょう。

また、菱形筋（りょうけいきん）・肩甲挙筋（けんこうきょきん）・前鋸筋（ぜんきょきん）なども肩の動きには重要です。

硬くなった肩まわりの筋肉をほぐすには、次に紹介するトレーニングやストレッチが効果的です。

▼肩まわりの筋肉

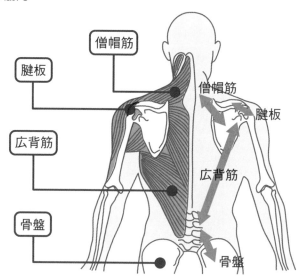

▼輪ゴムを使った筋トレ

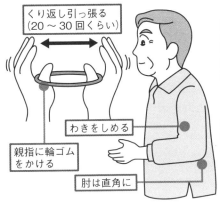

くり返し引っ張る
（20〜30回くらい）

わきをしめる

親指に輪ゴム
をかける

肘は直角に

方法

①輪ゴムを両親指にかける
②わきをしめ、肘は直角にする
③気の向くままに輪ゴムを
　20〜30回程度引っ張る

注意

親指がゴムで痛くならない程度
にしましょう。軽く引っ張る程
度でよいです。

▼杖を使った体操（肩まわりの筋のストレッチ）

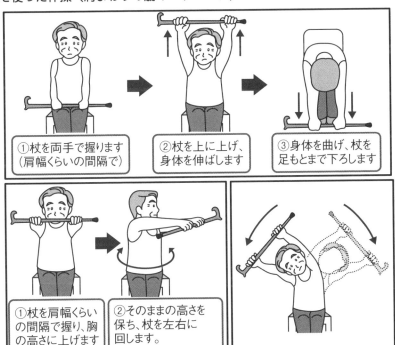

①杖を両手で握ります
（肩幅くらいの間隔で）

②杖を上に上げ、
身体を伸ばします

③身体を曲げ、杖を
足もとまで下ろします

①杖を肩幅くらい
の間隔で握り、胸
の高さに上げます

②そのままの高さを
保ち、杖を左右に
回します。
腰はひねらず、身体
は正面を向いたまま、
肩から腕を動かします

杖を上げた状態で、上
半身を左右に倒します

注意　反動を使って運動しないようにしましょう。

4

目的別リハビリテーション

イスや車イスに長時間座っていると、腰が痛くなってきます。これは、脊柱起立筋という筋肉に負担がかかることが原因です。

腰にかかる負担は座位のほうが大きい

立っているときの脊柱起立筋には体重の 1.5 倍の負荷がかかり、座っているときは 2 倍の負荷がかかります。よって、座っているときのほうが腰にかかる負担が多く、痛みにつながっていると考えてみましょう。

▼立ち上がって腰の負担を減らす

●脊柱起立筋

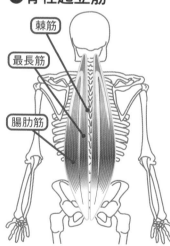

棘筋
最長筋
腸肋筋

棘筋、最長筋、腸肋筋を総称して脊柱起立筋と言います。この運動では脊柱起立筋の負担を減らします。

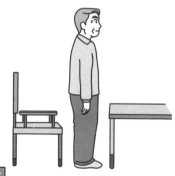

方法
①イスまたは車イスからゆっくりと立ち上がる（その際には目の前に机などがあるとよい）
②机に手をつきながら立位で軽く腰を伸ばす
③深呼吸をするとよい

注意
立ち上がる際、スタッフが大きな声で声をかけると驚いて転倒するリスクがあります。落ち着いて、近くに寄り添うフォローをしましょう。また、イスに座るときには着座するまで気を抜かず、ゆっくりと座るよう声かけをしましょう。

イスに座ってできる腰痛体操

　いろいろな腰痛体操がありますが、イスや車イスに座っていることが多い方には、この体操がおすすめです。腸腰筋を鍛える筋トレで、他の筋肉が邪魔をせず効率よい体操です。

●腸腰筋

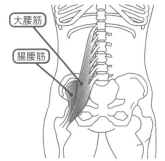

大腰筋

腸腰筋

> 大腰筋と腸骨筋を合わせて腸腰筋と言います。この運動ではここを鍛えます

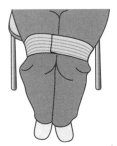

①長いタオルやマジックテープのバンドなどで両足を固定します

②イスと背中の間にやわらかいボールをはさみます（ボールはなくてもよいが、皮膚を傷めやすいためあったほうがよい）

③息を吸いながら、身体をボールに押しつけます（3〜5秒くらい）。その後、息を吐きながらゆっくりと力を抜いて、元に戻ります。これを5〜10回行います

注意
息を止めずに行いましょう。

4

目的別リハビリテーション

4-7 膝の痛みがある

膝の痛みの原因となるものに、車イスのレッグレスト（レッグサポート）があります。

レッグレストはなるべくはずそう

車イスのレッグレストをはずさずに乗り続けると、足を後ろに引けないために膝関節の拘縮が起こってしまいます。拘縮のある関節は痛みが存在し続けるので、そのストレスは大きいものと考えましょう。

レッグレストをはずし、フットレストもたたんで足を床につけることが、膝の痛みを減らすことにつながります。つまり、自分の意思で足をゴソゴソ動かせることが大事なのです。

▼レッグレストはなるべくはず

レッグレスト

足の脱落を防止するレッグレストですが、ずっと付けたままで車イスに乗っていると、膝関節の拘縮の原因ともなります。移動時以外はなるべくはずして、足を床につけるようにしましょう

冷え防止にはレッグウォーマーを

　夏は冷房、冬は底冷えからふくらはぎが冷えてしまいます。血液循環が悪くなり、膝の痛みにも間接的につながりますので、レッグウォーマーで冷えを防ぎましょう。

膝かかえ体操

　どの姿勢でも、膝をかかえる動きをすると膝を中心とした筋肉がゆるみます（大腿直筋、縫工筋、ハムストリングス、腓腹筋など）。この作用を利用して膝の動きをよくしていきましょう。

▼膝関節の構造

●膝関節の構造

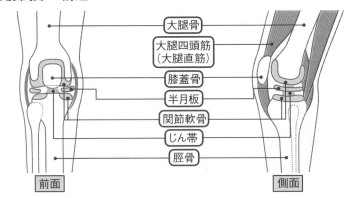

大腿骨	
大腿四頭筋（大腿直筋）	
膝蓋骨	
半月板	
関節軟骨	
じん帯	
脛骨	

前面　　　側面

方法
①片方の膝を両手でかかえる
②息を止めないで10秒ほど膝をかかえる
③これを2〜3回繰り返す
④反対側の膝も行う

注意
痛みのない範囲で行いましょう。
自然に膝が曲がる範囲で結構です。
イラストでは背臥位（仰向け）ですが、
イスに座って、または床で足を投げ出
した座位で行ってもよいです。
この体操をした後に、ストレッチを
すると効果的です。

目的別リハビリテーション　4

63

4-8 股関節部の痛みがある

長期にわたってイスや車イスにおいてズリ座位が習慣になると、股関節の動きが乏しくなり、拘縮などからくるさまざまな痛みを伴います。

同じ姿勢を長時間・長期間続けることと痛みの関係

イスや車イスに座り続けると誰もが同じ姿勢を保つことはできなくなり、少しでも楽な姿勢をとろうとしてズリ座位となってしまいます。それが続くと股関節周囲の筋肉の緊張が強くなり、血流が悪くなります。このことによって痛みが引き起こされると考えます。

それが長期間続くと、やがて股関節の拘縮につながり、立ち上がることも正しく腰掛ける（椅座位）ことも困難になります。基本的に日常生活の中に「座る・立ち上がる・歩く」の動作を取り入れておくとよいでしょう。長い目で見ると運動療法が適切になります。

股関節の筋緊張を和らげる活動

股関節は高齢者自ら積極的に動かしたがらないことが多く、イスや車イスに座る機会が増えて動作が減るようになる頃に、痛みが強くなる傾向があります。

筋肉の緊張を和らげ、血流をよくするにはホットパックなどの温熱もよいのですが、一番効果が期待できるのは、起居移動動作にて関節を動かす機会を生活の中に作ることです。股関節を動かす体操も大切ですが、日常生活の中に股関節を動かす用事を作るとよいでしょう。

①食事支援

　車イスで移動して、イスに乗り移る⇒食事後、イスから車イスに乗り移る。
朝・昼・夜に行うとすると立ち上がって、立位保持、座る動作を計 6 回
行うことができます。お昼ご飯時（職員数が多い時間）だけしかできなくて
も効果はあります。

【環境設定】

　食事をする机の天板の高さを 60cm ほどに設定すると、イスや車イスに
もたれながらの食事が難しくなります。そこで前屈みになることができれば、
股関節は動くことになります。

②排泄支援

　おむつの中に排泄をするのではなく、トイレに乗り移ることができれば、
トイレの回数×2 回は股関節を動かす機会になります。

【環境設定】

　洋式の便座に座り排泄をするとき、足置きを設置すると股関節を動かす可
動域が大きくなります。また、股関節を 90°以上屈曲位にできれば、排便が
しやすくなる効果もあります。

股関節の局所的な痛みには

　各関節の痛みでも同様で、温めること（お風呂やホットパック etc.）が最
良です。関節が温まったら、痛みのない範囲で関節を動かす体操をするとよ
いでしょう。刺すような痛みやズキズキする痛みは急性時痛でもあるため、
早めに病院を受診するとよいです。

4-9 肩関節の運動

関節は1日一度でも動かした範囲は拘縮を防ぐことができます。毎日、コツコツと運動を続けましょう。

関節を動かす前の条件

関節を動かす場合は、必ず温めましょう。冷えた関節を急に動かすとケガをしてしまいます。

①温める、②マッサージ（さする）、③関節を動かす、という順序で行いましょう。

肩を上げる運動

イスに座って、両手を組んでグーッと上に上げていく体操があります。もし仰向けができるなら、座って行うよりも寝ころんだほうが、肩は上がりやすくなります。

イスに座って、両手を組んでグーッと上に上げます。

Ⓟ 座ってするより寝たほうがよく上がります

肩甲骨を上げる運動

肩甲骨の動きを出して、血流の循環をよくするのに効果があります。

方 法

①息を吸いながら、両肩をすくめる（上げる）

②息を吐きながら、両肩を下げる

③５回ほど行う

注 意

息を止めずに行いましょう。

①息を吸いながら、両肩をすくめます（上げる）

②息を吐きながら、両肩を下げます

Ⓟ　息を止めずに行いましょう

肩を回す運動

肩関節の動きを滑らかにするのに効果的です。

方 法

①両手を肩にさわるよう上げる

②肘の先で丸を描くように、ゆっくりと内回しを 5 回行う

③同様に外回しを 5 回行う

注 意

痛みが出るような回し方は避けましょう。無理をせず小さく回しましょう。

両手で肩に
ふれる

肘の先で円を描くように
肩をゆっくりと回す

内回しを 5 回、外回しを 5 回行います

Ⓟ 痛みが出ないよう、無理をせず小さく回しま
しょう

肩こりを和らげる運動

肩の痛みの改善に効果があります。

方 法

①両肘を直角（90°）に曲げる

②肘を後ろに引きながら、肘の先を真ん中に寄せるようにし、ゆっくり10数える（20秒ぐらい保つ）

③次に力を抜いて、肘を下げゆっくり5数える

④その後、両腕をできるだけ前へ押し出し、ゆっくり10数える

⑤できれば、朝・昼・夕の3回行うとよい

注 意

あまり無理に肘を後ろに引くと、痛みが強くなる場合があります。慣れないうちは、軽く引く程度にしましょう。

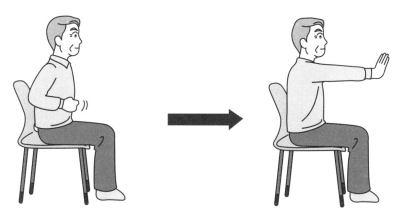

①両肘を直角（90°）に曲げ、肘と肘を近づけるような気持ちで、腕を後ろに引きます。その姿勢でゆっくりと10数え、次に力を抜いてゆっくり5数えます

②その後、両腕をできるだけ前へ押し出し、ゆっくりと10数えます

 痛みが出ないよう、肘は軽く引く程度にしましょう

硬い肩をやわらかくする運動

肩まわりの拘縮（軽度）改善に効果があります。

方 法

①背もたれのあるイスに座り、両肘を直角（90°）に曲げる

②片方の肘の先とイスの背の間にボールをはさむ

③そのボールを力いっぱいイスの背に押しつける

④声に出してゆっくり 10 数える（20 秒ほどかける）

⑤反対の肘でも同様に行う

⑥できれば、朝・昼・夕の 3 回行うとよい

注 意

息を止めて行わないようにしましょう。

やわらかい
ボールをはさ
んで力いっぱ
い押す

肘を直角に
曲げる

イスに座って両肘を直角（90°）に曲げ、片方の肘の先に
やわらかいボールをはさんで、力いっぱい押しつけます。
その体勢で、声に出してゆっくり 10 数えます（20 秒ほど）。

息を止めずに行いましょう

関節が硬くなるのを防ぐ②

4-10 肘・前腕・手首・手指の運動

　器用に動かせるからこそ、運動はおろそかになりがちです。傷みやすく、硬くなりやすい部位でもあるので、しっかりと動かしましょう。

肘の動きをよくする運動

肘の動きを滑らかにするのに効果的です。

方法

①胸の前で両手を組む

②ゆっくり肘を伸ばす（3 ～ 5 秒ほど）

③元の位置に戻す。①②の動作を 10 ～ 20 回ほどくり返す

注意

　座って行っても寝た姿勢で行ってもよいですが、どの姿勢でも肘がまっすぐになるように腕を伸ばしましょう。

●イスに座って行う場合

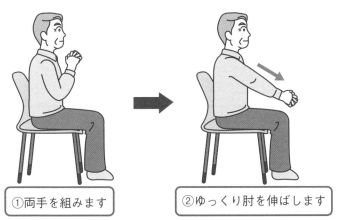

①両手を組みます　　②ゆっくり肘を伸ばします

●寝て行う場合

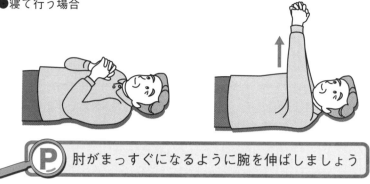

P 肘がまっすぐになるように腕を伸ばしましょう

Column 杖や歩行器を使っている方の手や肩などは痛い

高齢者が杖や歩行器を使用して歩いている姿は普通に見えますが、実はほとんどの方が手や肩などに痛みを持っています。「痛いですか」とお聞きしても「痛くないよ」と言われるかもしれません。でもそれは痛くないわけではなくて、"我慢できないほどの痛みではない"という意味だととらえるとよいでしょう。

T字の杖を使用する方は手首の腱鞘炎や五十肩（肩関節周囲炎）、歩行器を使用している方はテニス肘（上腕骨外側上顆炎）など、腕の痛みや首肩の痛みで悩む方が多い印象があります。私たち介護職は間違ってもよいので、杖や歩行器を使用している方に対しては"痛みがある"と考えて、「痛いですよね。大丈夫ですか。軽くですがさすりましょうか」などの気遣いをし、声かけをするとよいでしょう。「何も言わなくてもわかってくれるんだね。うれしいな」と、自分の状態や心境を気にかけてくれていると思うと、人は安心するものです。私たちは普段仕事をしていると、つい相手の立場になることを忘れてしまいます。年をとらないとわからないことも多いのですが、ポイントを覚えておくと気にかけることができます。それで相手の気持ちが軽くなれば、痛みもそれに伴って楽になるかもしれません。

前腕の運動

肘と前腕、手首の動きをよくするのに効果的です。

方法

①肘を軽く曲げ、両手を組む

②3〜5秒ほど時間をかけて、肘から先をゆっくり右に回す

③同様にゆっくり左に回す

④上記②③を10回ほどくり返す

注意

勢いよく動かさないようにしましょう。傷める原因になります。

①肘を軽く曲げて両手を組みます

②3〜5秒かけてゆっくり右に回します

③同様に、3〜5秒かけてゆっくり左に回します。これを10回程度くり返します

傷める原因になるので、勢いよく動かさないようにしましょう

手首のストレッチ①

　指を伸ばす腱のストレッチになります。指先の血液循環をよくします。また、肘の痛みの改善にも効果があります。

方法

①肘を痛みのない範囲で曲がるところまで曲げる

②手首を手のひら側に曲げる

③もう片方の手で痛みのない範囲で押さえる

④そのまま 20 秒ほどストレッチを行う

⑤ 2 ～ 3 回ほど行う

注意

　ストレッチのため、息を止めずに痛みのない範囲で行いましょう。

手首を手のひら側に曲げる

痛まない範囲で肘を曲げる

肘を曲げ、もう片方の手で曲げたほうの手の手首を手のひら側に曲げます。この体勢で 20 秒ほどストレッチします。これを 2 ～ 3 回くり返します

 息を止めず、痛みのない範囲で行いましょう

手首のストレッチ②

　指を曲げる腱のストレッチになります。指先の血液循環をよくします。また、寝苦しいときに行うと入眠にも効果的です。

方法

①肘を痛みのない範囲で曲がるところまで曲げる

②手首を前に反らす（手の甲側に曲げる）

③もう片方の手で痛みのない範囲で押さえる

④そのまま 20 秒ほどストレッチを行う

⑤ 2 〜 3 回ほど行う

注意

　押さえるほうの人さし指は、図のように伸ばすほうの手のひらの上に置いてストレッチをしましょう。

手首を手の甲
側に曲げる

肘を曲げ、もう片方の手で曲げたほうの手の手首を手のひら側に曲げます。この体勢で 20 秒ほどストレッチします。これを2〜3 回くり返します

押さえるほうの人さし指は、伸ばすほうの手のひらの上に置いてストレッチします

手のグー・パー運動

手の動きをよくするための血液循環改善に効果的です。

方法

①グー・パー、グー・パーと手を開いたり閉じたりする
②ゆっくり行い、30〜40秒の間くり返す

注意

筋肉痛にならない程度で行いましょう。

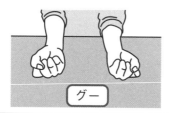
グー

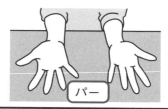
パー

グー・パー、グー・パーと、ゆっくり手を開いたり閉じたりします。
30〜40秒くり返します

 筋肉痛にならない程度に行いましょう

Column　くるみを使った手の運動

　手の運動には昔から"くるみ"を2つ持ち、ゴリゴリとすり合わせて行う方法がありました。

　くるみをいつも持ち歩いて、暇さえあればゴリゴリと動かしているため、手の動きや血液循環改善に効果的です。くるみは秋に手に入りやすいです。くるみがない場合はゴルフボールを代用してもよいでしょう。

手のひらマッサージ

手の動きをよくするための血液循環改善に効果的です。

方法

①相手の親指と小指に自分の小指をはさむ

②痛みが強くならない範囲で、手のひらを広げる

③左右の指で相手の手の真ん中を押さえる

④手のつけ根や外に向かって優しくもみほぐす

⑤2〜3回くり返す

⑥反対側の手にも行う

注意

あまり強く押さえないように注意しましょう。

相手の親指と小指に自分の小指をはさみ、痛みが強くならない範囲で、手のひらを広げます

左右の指で相手の手の真ん中を押さえます

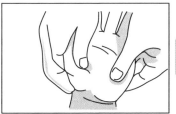

手のつけ根や外に向かって優しくもみほぐします

 強く押さえすぎないよう、注意しましょう

ボール回し運動

手首の動きを、より滑らかにするのに効果的です。

方法

①机の上に手のひらよりも少し大きめのボールを置く

②ボールに手を乗せ、ボールを中心にグルグル回す。

なるべく大きくゆっくり回す

③左回りと右回りを 5 回ずつ行う

注意

勢いをつけて運動しないようにしましょう。

手のひらよりも少し大きめの
ボールを使って、ボールをグ
ルグル回す運動です。
机の上にボールを置き、手を
ボールに乗せて、なるべく大
きくゆっくりと、ボールを回
します。
左回りと右回りを 5 回ずつ行
います。

ボールを回すときに勢いをつけないようにしま
しょう

拘縮した指を優しく開く

拘縮で握りしめた指を開くときに、痛みを最小限にするのに効果的です。

方法

①肘を手で包むように固定する

②肘を痛みのない範囲で曲がるところまで曲げる

③手を身体側に痛みが強くならない範囲で曲げていく。このとき、肘の角度は保っていること

④手首を曲げたまま、指を少しずつ開く

注意

　関節拘縮は、動かしたりしなくても痛みがあることを覚えておきましょう。また、関節を勢いよく曲げてしまうと痛みを助長することになり、拘縮がより強くなる恐れがあります。相手は痛みに敏感になっているため言葉かけは必ずしましょう。指を開くときは、ゆっくりと愛護するように行いましょう。

　この実践は、必ず各関節が温まっているときに、無理をせずゆっくり行ってください。

①肘を手で包むように固定し、痛みのない範囲で曲がるところまで曲げます

②手を身体側に痛みが強くならない範囲で曲げていきます。肘の角度は保ったままにします

③手首を曲げたまま、指を少しずつ開きます

各関節が温まっているときに、無理をせず、ゆっくり行います

4

目的別リハビリテーション

4-11 股関節の運動

　股関節が硬くなると、腰痛を引き起こす原因にもなります。その他にも膝の痛みや首や肩にも影響を及ぼすことがあるため、スキマ時間で動かしていきましょう。

股関節のジグリング運動

　股関節に荷重をかけていない状態で関節を動かすことにより、柔軟性を高め、動きが滑らかになる効果があります。

方法

①イスや車イスに座る

②股関節・膝関節を直角にする

③軽く股を開く

④つま先を床につけた状態でかかとを上げる

⑤くり返し、かかとの上げ下げを行う

⑥頻度は決めず、クセになるように行うとよい

注意

　片側を行ったら、反対の足も行いましょう。左右の足を交互に運動してもよいです。ただし、かかとを床につけるときは優しくそっと行いましょう。

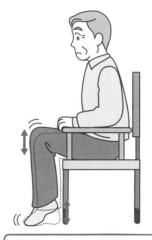

イスや車イスに座り、つま先を床につけた状態で、かかとの上げ下げを行います。左右の足を交互に上げ下げしても、片足ずつ行ってもよいです

股関節・膝関節を直角にし、軽く股を開く

 かかとを下ろすときは、そっと床につけるようにしましょう

4

目的別リハビリテーション

Column
股関節は思っている以上に重要な関節

　股関節周辺の筋肉に筋力をつけ、しなやかな状態を保てていれば、転倒リスクは下がります。万が一転倒したとしても、その衝撃は和らげられて最小限のダメージで済むと考えています。つまり、股関節の健康をよりよい状態に保つことが、いつまでも歩けることにもつながるのです。

　股関節は普通に歩いているだけで、体重の 3 ～ 4.5 倍の負荷がかかっています。たとえば体重 50kg の方は股関節に 150 ～ 225kg ほど負荷がかかります。これは膝や腰にかかる負荷よりもかなり大きいため、股関節はどの関節よりも傷みやすいと考えましょう。

　股関節をよい状態に保つコツは、柔軟性を出す運動をすることと筋力をつけることです。車イス生活を送っている方でも、股関節をやわらかくする運動を行い、お尻上げなどの筋トレをすることによって、立ち上がりや移動がスムースになって自信がつき、生活範囲が広がるかもしれません。股関節は膝や腰よりも重要な関節であるため、意識していくとよいでしょう。

前かがみ運動

股関節を曲げて柔軟性を高める効果があります。そして、重心を前方へ移動することにより正しい姿勢を保てる効果があります。

方 法

①イスに座り、クッションを抱える
②ゆっくりと前屈をしていく
③床に手をつける
④5〜10秒ほど保ち、ゆっくり元の姿勢に戻す
⑤1〜3回程度くり返す

注 意

息を止めないで行います。手は床につかなくてもかまいません。なお、血圧が高いときには運動を控えましょう。

手は無理に床につけなくてもよい

イスに座り、クッションを抱えます。そのままゆっくりと前屈していき、5〜10秒ほどその姿勢を保った後、ゆっくり元の姿勢に戻します

 息は止めずに行います。血圧が高いときはやめましょう

股関節のあぐらかき運動

股関節の柔軟性に関わる腸腰筋の緊張を和らげる効果があります。膝かかえ体操（P.63）も併せて行うと、さらに効果的です。

方法

①イスに座り、片足を反対の足の上に上げる

②足を上げたほうの膝に肘をつく

③上半身を前に倒し、肘に体重をかけ膝を押す

④30 秒ほど保ち、ゆっくり元の姿勢に戻す

⑤左右 5 回程度くり返す

注意

運動が難しい方には、上げている膝の下に座布団を入れましょう。無理に行わないようにもしましょう。

4

目的別リハビリテーション

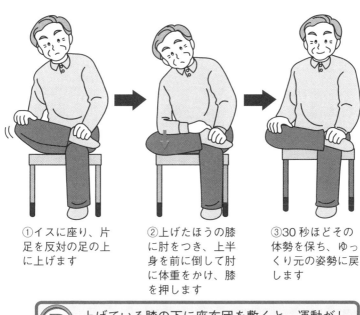

①イスに座り、片足を反対の足の上に上げます

②上げたほうの膝に肘をつき、上半身を前に倒して肘に体重をかけ、膝を押します

③30 秒ほどその体勢を保ち、ゆっくり元の姿勢に戻します

 上げている膝の下に座布団を敷くと、運動がしやすくなります

股関節の"ハの字"運動

股関節の柔軟性に関わる腸腰筋の緊張を和らげる効果があります。

方法

①イスに座り、足を肩幅より少し外に広げる

②両手を両膝に置く

③膝と膝を合わせるように手で膝を内側に押す

④痛みがない範囲で"ハの字"を 20 秒ほど保つ

⑤ 5 回程度くり返す

注意

大腿骨頸部骨折後、人工関節手術を行っている方は運動を控えてください。

膝を内側に押して、膝から下が"ハの字"になるようにする

イスに座って足を肩幅より少し広げ、両手で両膝を内側に押して、膝から下が"ハの字"になるようにします。その体勢を 20 秒ほどキープします

 大腿骨頸部骨折後、人工関節手術を行っている方は行ってはいけません

4-12 膝・足の運動

膝関節や足関節には、体重を支える重要な役割があります。安定した歩行にもつながるため、関節まわりの筋肉や靭帯へのケアはとても大切です。

あったか膝かかえ伸ばし運動

温めながら行うため、膝の痛みが和らぎ、膝の動く範囲（可動域）が広がる効果があります。

方法

①少しぬるめのお湯（39℃）につかり、湯船の中で座る

②ピンと足を伸ばす

③膝を手でかかえ、かかとがお尻につくようにする

④10秒ほど保ち、ゆっくりと足を元に戻す

⑤5回ほどくり返す

注意

のぼせないようにしましょう。湯温が高すぎるとリラクセーション効果がなくなります。また、膝をかかえるのは、片足ずつでも両足でもよいのですが、滑って溺れないように注意してください。

4

目的別リハビリテーション

85

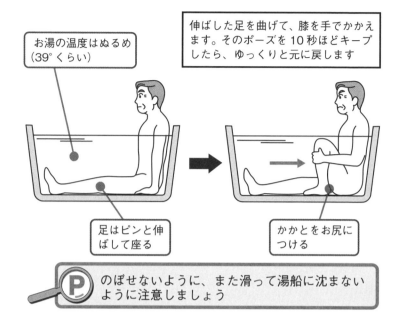

お湯の温度はぬるめ
（39°くらい）

伸ばした足を曲げて、膝を手でかかえ
ます。そのポーズを 10 秒ほどキープ
したら、ゆっくりと元に戻します

足はピンと伸
ばして座る

かかとをお尻に
つける

P のぼせないように、また滑って湯船に沈まない
ように注意しましょう

Column "転ばぬ先の杖" のありがたみ

　膝関節は体重を支えるときに身体の安定性を保ち、歩くときには地面から
の衝撃を吸収する役割があります。膝関節の状態をよくするためには、関節
にかかる体重を減らすことが最良と考えられます。よくお医者さんが「体重
を減らしましょう」とアドバイスするのはこのためです。膝にかかる負荷は
体重の 2 〜 3 倍で、体重 50kg の方なら 100 〜 150kg の負荷がかかって
いるわけです。しかし、体重を減らすとよいことはわかっていても、なかな
か減るものではありません。膝に痛みがある場合は、いっそう減量が困難と
なります。

　少しでも膝を傷めているならば、膝への負担を減らすために杖の使用をお
勧めします。使用したほうがよい理由は、杖を使うことにより体重の 10 〜
30％ほど負荷を減らせるからです。体重 50kg ならば 5 〜 15kg ほど負荷
を減らすことができます。膝関節は歩くために大切ですが消耗もしていきま
す。膝への負担を減らし活動量を増やせば、減量もしやすくなるので、年寄
り臭いなどと杖を敬遠せず、転ばぬ先の杖として使っていくとよいでしょう。

タオルはさみ運動

　膝の裏に結んだタオルを入れることによって、硬くなっている軟部組織（腱、靭帯など）をやわらかくする効果があります。痛みはもちろん軽減できます。

方 法

①タオルを結び目が大きくなるように結ぶ

②ベッドで仰向けになる

③膝の裏にタオルの結び目がくるようにして、膝を曲げてタオルをはさむ

④膝を両手でかかえる

⑤ 20 秒ほどその姿勢を保ち、ゆっくりと元に戻す

⑥運動は左右 1 回ずつ、朝・昼・夕行う

注 意

　皮膚が弱い方はタオルでこすれて内出血になるかもしれないので注意しましょう。靭帯がゆるい方は、運動をやりすぎないようにしてください。

結んだタオルを膝の裏にはさみ、膝を両手でかかえます。
その体勢を 20 秒くらいキープし、ゆっくりと元に戻します

膝の裏にタオルの
結び目がくるよう
にしてはさむ

タオルでこすれて内出血を起こさないよう、
皮膚の弱い方は気をつけましょう

4

目的別リハビリテーション

内股を鍛える運動

　膝を閉じる内転筋や内側広筋を鍛えることによって膝が安定すれば、膝の痛みが少なくなる効果があります。

方　法

①ベッドで仰向けになり、膝を立てる

②クッションなどを膝と膝の間にはさむ

③力を入れて 10 ～ 30 秒ほど保つ

④ゆっくりと力を抜いて深呼吸を行う

⑤ 3 回程度くり返す

注　意

　力を入れているときは、息を止めないようにしましょう。体調の悪いときには運動は控えましょう。

膝を立て、クッションをはさむ

力を入れてこの体勢を 10 ～ 30 秒ほどキープした後、ゆっくりと力を抜いて深呼吸します

息を止めずに行いましょう

片足で立つ運動

片足立ちをすることによって、バランス能力や軟骨の状態もよくなる効果があります。

方 法

①手すりや机に手をつき、立つ姿勢をとる

②片方の足を床から少し浮かせる

③30秒〜1分間保つ

④運動は左右1回ずつ、朝・昼・夕行う

注 意

膝の痛みが強いときには運動を控えましょう。

手すりや机に
手をついて立つ

片方の足を床から少
し浮かせ、30秒〜
1分間キープする

左右1回ずつ、朝・昼・夕の1日3回行います

 膝の痛みが強いときには運動を控えましょう

4 目的別リハビリテーション

つま先の上下運動

　つま先を上下に運動することによって、足関節の動きが滑らかになり、血液循環がよくなる効果があります。

方 法

①つま先を下へ向ける

②かかとを突き出すようにつま先を上に向ける

③上下運動を繰り返す

④気がついたときにクセになるように運動をする

注 意

　どの姿勢でもできる運動のため、いつでも誰にでもできます。血液循環が悪いうちは、こむら返りになりやすいので注意しましょう。

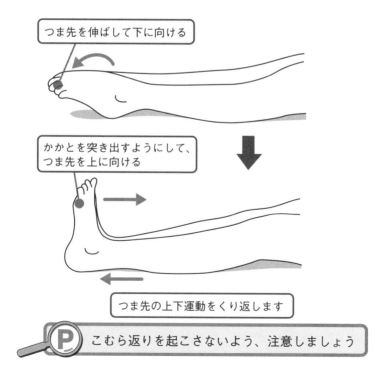

つま先を伸ばして下に向ける

かかとを突き出すようにして、つま先を上に向ける

つま先の上下運動をくり返します

P　こむら返りを起こさないよう、注意しましょう

足のグー・パー運動

　足の指を開いたり閉じたりすることによって、足の指の関節の動きが滑らかになり、血液循環もよくなる効果があります。

方 法

①足の指を閉じたり、開いたりをくり返す

②そのとき、目で足の指の動きを見る

③気がついたときにクセになるように運動をする

注 意

　外反母趾が強い方は、小さくゆっくりとした動きで、グー・パー運動をしましょう。気がついたらやっているくらいに、この運動を習慣化しましょう。

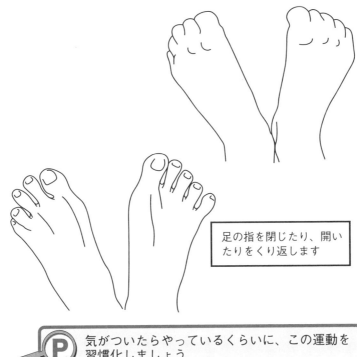

足の指を閉じたり、開いたりをくり返します

気がついたらやっているくらいに、この運動を習慣化しましょう

4

目的別リハビリテーション

足指握手の指開き運動

足の指の間に手の指を入れ、グルグル回すことによって、つま先の柔軟性がよくなる効果があります。

方 法

①よく足を拭き清潔を保つ

②足の指の間に手の指を入れる

③そのまま足の指先をグルグル回す

④左右 20 回程度ゆっくり回す

注 意

水虫などのある方には、手袋をつけるなどして行いましょう。また、足指が拘縮している方には無理して行わないようにしましょう。

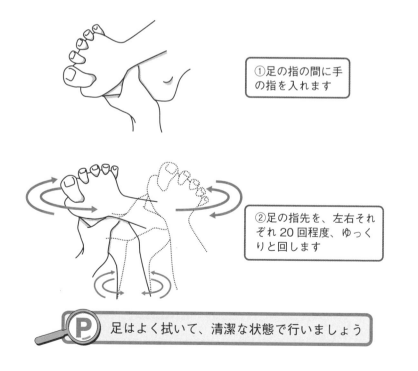

①足の指の間に手の指を入れます

②足の指先を、左右それぞれ 20 回程度、ゆっくりと回します

Ｐ　足はよく拭いて、清潔な状態で行いましょう

タオル引き寄せ運動

タオルをたぐり寄せる運動をすることによって、扁平足の改善につながり、膝や股関節などの負担が減る効果があります。

方法

①タオルを床に敷く

②重りとして本などを置いてタオルを固定する

③足の指を使って、タオルをたぐり寄せる

④たぐり寄せたら、元に戻してを 3 〜 5 回程度くり返す

⑤反対側も同様に行う

注意

足のグー・パー運動を行ってからこの運動をしましょう。足浴などで温めてから行うと、さらによいです。

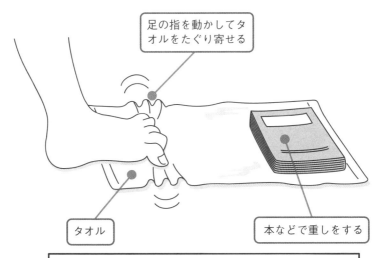

足の指を動かしてタオルをたぐり寄せる

タオル

本などで重しをする

たぐり寄せたら、元に戻してを 3 〜 5 回程度くり返します。反対側も同様に行います

 「足のグー・パー運動」で足指を温めてから行うとよいでしょう

4

目的別リハビリテーション

4-13 首の運動

首は同じ姿勢を続けると、無意識に筋肉（首～肩）へ負担をかけてしまいます。円背や猫背の人は、さらに持続的に負担をかけているため注意しましょう。

あご引き運動

人さし指で「シー」のポーズをすることによって、姿勢のくずれを自覚しながら首まわりの血液循環を改善し、動きをよくする効果があります。

方法

①力を抜き、リラックスした姿勢をとる

②人さし指で「シー」のポーズをする

③ゆっくり、あごを後ろに引きながら顔を指から遠ざける

④5～10秒ほど保って、ゆっくり元に戻す

⑤5～10回程度くり返す（朝・昼・夕）

注意

あごを後ろへ引くときに、あごが上がらないようにしましょう。姿勢を正す運動ですから、気がついたときに行うとよいです。

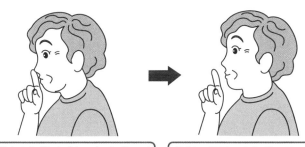

①人さし指で「シー」のポーズ
をします

②指の位置は変えず、首、あご
を後ろに引きます。体勢を5〜
10秒ほど 保って、ゆっくり元
に戻します

あごを後ろへ引くときに、あごが上がらないよ
うに気をつけましょう

Column

高齢者の首の痛みは

　歳をとると首の痛みはつきものとなっていきます。その原因は、加齢によ
り椎間板（骨と骨の間でクッションのような役割をするもの）の水分が徐々
に減っていくことです。そのため首が動く衝撃をうまく緩和できなくなって
いき、それに伴い靭帯が厚く硬くなって痛みが出現します。また、骨（椎骨）
になんらかの刺激が加わり、骨のトゲ（骨棘）ができることによって脊髄や
神経根の通り道が狭くなると、首や肩甲骨付近の痛みや、首肩から腕や手に
かけて痛みやシビレが出現します。これらの総称を頸椎症と呼びます。

　頸椎症の症状は自然治癒するのですが、治るまでに数か月以上かかること
も多いです。その際は首を後ろに反らす（後屈）動きを長い時間行ったり、強
く動かすと痛みが強くなったり、治りが遅くなったりするため注意が必要です。
また、下記の症状がある方は、医師の指導を受けた上で運動をしましょう。

●頸椎症の初期症状
　指先のシビレ／指先の動きが鈍くなる／握力の低下／両足のシビレ、足裏
　の違和感／歩行障害／尿が出にくい、尿もれ、便秘

4

目的別リハビリテーション

首の前方曲げ運動

　首の後ろにつく筋肉（僧帽筋）を中心にストレッチをすることで、首の動きの柔軟性を高める効果があります。肩こりからくる頭痛にも効果的です。

方法

①力を抜き、リラックスした姿勢をとる

②両手を頭の後ろで組む

③頭を前に倒し、おへそを覗く

④5〜10秒ほど保って、ゆっくり元に戻す

⑤5〜10回程度くり返す（朝・昼・夕）

注意

　ストレッチングのため、息を止めないで行いましょう。また、痛みが起こらない範囲で行いましょう。

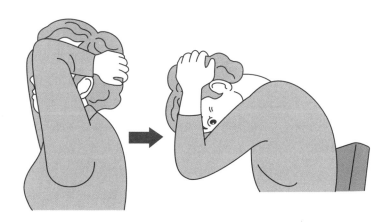

①力を抜き、リラックスした姿勢で、両手を頭の後ろで組みます

②頭を前に倒し、おへそを覗きます。この体勢を5〜10秒ほど保って、ゆっくり元に戻します

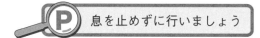

Ｐ　息を止めずに行いましょう

首の横倒し運動

　首の横につく筋肉（胸鎖乳突筋など）を中心にストレッチすることで、首の動きの柔軟性を高める効果があります。肩こりにも効果的です。

方 法

①力を抜き、リラックスした姿勢をとる

②軽く頭を横に倒す

③倒す側の手を頭の上に置く

④５秒ほど保って、ゆっくり元に戻す

⑤３〜５回程度くり返す（朝・昼・夕）

⑥反対側も行う

注 意

　息を止めないで行うのはもちろん、無理にストレッチしないようにしましょう。運動を行うことで手のしびれが強くなる場合は、運動を控えてください。

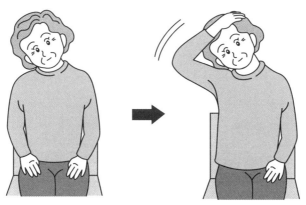

①力を抜き、リラックスした姿勢で、軽く頭を横に倒します

②倒した側の手を頭の上に置き、５秒ほど保ってゆっくり元に戻します

息を止めずに行いましょう

4

目的別リハビリテーション

首の回旋運動

　ゆっくりと最大まで首を回すことによって、首の回る範囲を保持する効果があります。

方法

①力を抜き、リラックスした姿勢をとる

②顔をゆっくりと右へいっぱいまで向ける

③5秒ほど保ちゆっくりと正面を見る

④顔をゆっくりと左へいっぱいまで向ける

⑤5秒ほど保ちゆっくりと正面を見る

⑥左右合わせて10回程度くり返す

注意

　痛みを伴うような素早い運動は行わないようにしましょう。息を止めないようにしましょう。

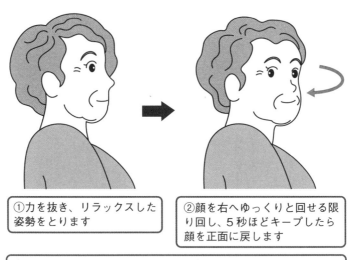

①力を抜き、リラックスした姿勢をとります

②顔を右へゆっくりと回せる限り回し、5秒ほどキープしたら顔を正面に戻します

③次は左に顔を回し、5秒ほどキープしたら顔を正面に戻します。ここまでで1セットです

息を止めずに行いましょう

腰の運動

　腰は身体の要ともいい、ひとたび傷めるとまったく動けなくなるほど重要な部位です。また、立ち姿勢を保たせる大きな筋肉もあり、体操や筋トレは大切です。

タオルを使った腰反らし運動

　タオルを背中に入れることで、腰に自然なカーブをつくり正しい姿勢を保てる効果があります。その状態で反ることにより、痛みが軽くなる効果も期待できます。

方 法

①タオルを巻いて、腰に当てる

②そのままイスにもたれる

③軽く身体を反らせる

④5秒ほど保ち、ゆっくりと戻す

⑤3回程度くり返す

注 意

　円背（脊椎圧迫骨折）の方は、反ることは行わないようにしましょう。まっすぐ伸びる程度で痛みがない範囲で行いましょう。

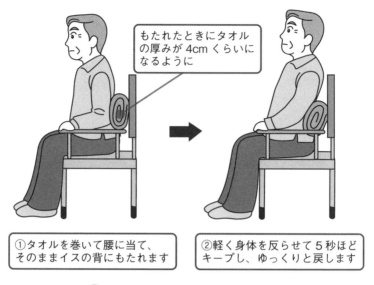

もたれたときにタオルの厚みが4cmくらいになるように

①タオルを巻いて腰に当て、そのままイスの背にもたれます

②軽く身体を反らせて5秒ほどキープし、ゆっくりと戻します

痛みが出ない範囲で行いましょう

Column 人は同じ姿勢は保てない

　人にとって同じ姿勢を続けることは難しく、ある程度の時間が経過するとゴソゴソと身体のどこかを動かしているものです。姿勢を保つ筋肉を動かさずにいるのは、一般的に30分ほどが上限で、それ以上になると血流が悪くなったり不快（ストレス）に感じたりします。

　年齢を重ねるとイスなどに腰掛けていることが多くなり、同じ姿勢をとり続けることも珍しくはありません。長時間、同じ姿勢を続けると筋肉の緊張や加齢による不良姿勢により、痛みや身体が硬くなる原因となります。ある程度（20～30分程度）の時間が経過したら、軽く体操をしたりするとよいのですが、難しい場合はその場で立ってみるだけでもよいです。立つとそれだけでも筋肉の活動が増えるため、血流の改善につながります。姿勢も変わるので、気分も変わりストレスも軽くなります。「私たち職員がいるときは立ち上がってもよいですよ」と、「立ってはダメ」ではなく、「立ってもよい」に変えると、高齢者の身体の痛みやストレスは軽くなります。

骨盤起こし運動

骨盤を起こす運動をすることによって、骨盤の反りを治す効果があります。

方 法

①イスやベッドに腰掛け、リラックス姿勢をとる

②腰を起こすようにして下腹部を突き出す

③力を抜いて、ゆっくりと元に戻す

④10回程度くり返す

注 意

　骨盤を前後に回すようなイメージで行いますが、やり方がわからない方には「胸を張ってみましょう」と、姿勢を正すように指示してもよいでしょう。

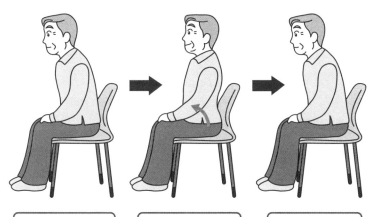

①イスやベッドに腰掛け、リラックス姿勢をとります

②腰を起こすようにして下腹部を突き出します

③力を抜いて、ゆっくりと元に戻します

 骨盤を前後に回すようなイメージで行います

4

目的別リハビリテーション

腰ひねり運動

　お尻の筋肉をストレッチすることによって、腰や股関節の柔軟性がよくなる効果があります。

方 法

①ベッドに仰向けになる
②下半身だけどちらかにひねる
③下になった足の膝の内側に、上の足のかかとをつけて下半身を倒していく
④ 15 〜 20 秒ほど保ち、ゆっくり元に戻す
⑤左右交互に 5 回程度くり返す

注 意

　人工関節置換術をされている方は、両膝をそろえて行いましょう。また、肩は浮かないように行うとよいです。

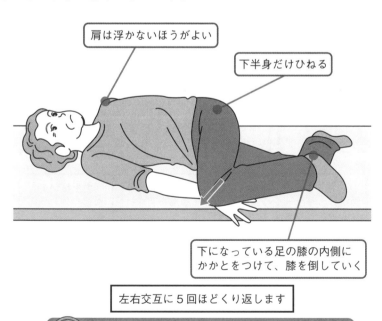

肩は浮かないほうがよい

下半身だけひねる

下になっている足の膝の内側にかかとをつけて、膝を倒していく

左右交互に 5 回ほどくり返します

Ｐ　肩はなるべく浮かないように注意しましょう

前かがみ運動

身体を前に倒すことによって、腰や背中の筋肉が伸びて柔軟性がよくなる効果があります。また、反った姿勢が多い方には効果的な運動です。

方 法

①イス（または車イス）に座り、クッションを抱える

②ゆっくりと前屈をしていく

③両足首を持つ（または手を両足の間に入れる）

④5〜10秒ほど保ち、ゆっくり元の姿勢に戻す

⑤1〜3回程度くり返す

注 意

息を止めないようにします。足首に手が届かなくてもかまいません。血圧が高いときには運動を控えましょう。

4

目的別リハビリテーション

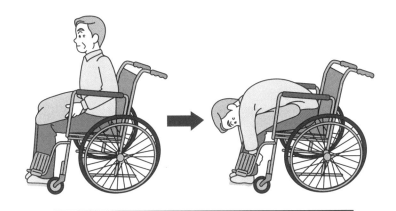

イスまたは車イスに座った姿勢でクッションを抱えます。そのままゆっくりと前屈していき、両足首を持ちます（または手を両足の間に入れます）。5〜10秒ほどその姿勢を保った後、ゆっくり元の姿勢に戻します

 息は止めずに行います。血圧が高いときはやめましょう

4-15 ふらつきの リハビリテーション

ふらつきのリハビリは、ただ歩くだけでなく"支持基底面"を意識して広げるトレーニングが大切です。

支持基底面を広げよう

高齢になってくると「気をつけて歩いてくださいね」といったアドバイスをされることが多いですが、これを守りすぎると"ふらつき"が強くなることがあります。

これは、歩幅が狭くなると支持基底面がどんどん小さくなってくるためです。また、重心をこの範囲内でたくさん動かすことが少なくなってしまうことも原因です。

安全に重心を移動できる範囲は、支持基底面よりもさらに小さいのです。ふらつきのリハビリでは支持基底面と重心が安全に移動できる範囲を増やすことを中心に実施します。

▼支持基底面

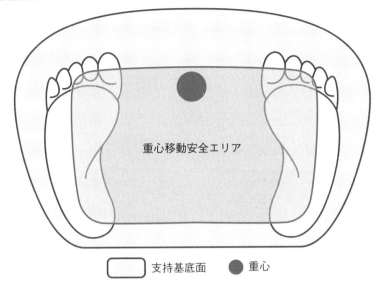

重心移動安全エリア

支持基底面 ● 重心

支持基底面とは

　身体を支えるために地面と接している足をぐるりと囲んだ範囲を"支持基底面"といいます。重心がこの範囲を越えると転倒ということになるので、高齢者は杖をついたり、歩行器を押したりして、転ばないように支持基底面を広げていると考えましょう。足を広げれば支持基底面の面積は広がり、閉じれば狭くなります。

重心とは

　簡単に説明すると、重心とは身体のバランスをとる真ん中の点と考えます。円背などで姿勢が悪くなってくると、重心の位置が身体の後ろのほうへ集まりやすくなります。つまり、尻もちをつきやすくなります。

4

目的別リハビリテーション

ふらつき改善運動①動的バランスのリハビリ

　歩く動作は、かかとから地面につき、足の裏全体で地面を踏ん張り、蹴り出すときにつま先に体重が移ります。歩くときの体重の移し方の練習になるのが、この運動です。動的バランス能力のリハビリになります。

方法

①立っている状態で、足を肩幅に開く

②右かかとに体重を乗せる

③右つま先に体重を乗せる

④左かかとに体重を乗せる

⑤左つま先に体重を乗せる

⑥10〜15回ほどくり返す

注意

　必ず2人で行います。もし1人で行うなら、転倒を防ぐため、壁を背にして行いましょう。

●ふらつき改善運動　　　　●歩くときの体重移動
（動的バランスのリハビリ）

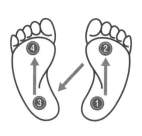

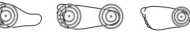

蹴り出し　←　踏ん張り　←　踏み込み

番号の順番に体重を
乗せます

踏み込みではかかと、踏ん張りでは
かかととつま先、蹴り出しではつま
先に体重がかかります

ふらつき改善運動②静的バランスのリハビリ

　バランスパッドを使って行う「ふらつき改善運動」は、鏡を見ながら姿勢を正す（バイオフィードバック法）ことで早く改善できる効果があります。特に JP クッションは静的バランス能力の向上に最適で、高齢者の負担も少ないという利点があります。

方 法

①平行棒の中にバランスパッドを置き、靴を脱いで乗る

②最初は両手で平行棒をつかみ、慣れてきたら片手だけで持つ。さらに慣れてきたら片手を離す

③倒れないように立位を保つ

④姿勢を鏡で確認しながら修正する

⑤ 1 分〜 10 分の間で行う

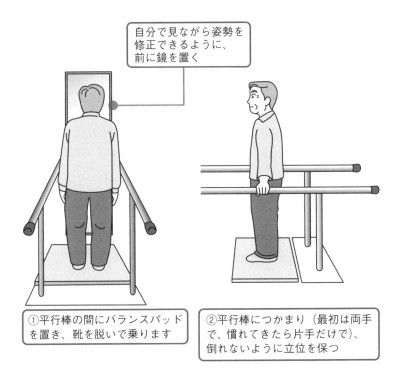

自分で見ながら姿勢を修正できるように、前に鏡を置く

①平行棒の間にバランスパッドを置き、靴を脱いで乗ります

②平行棒につかまり（最初は両手で、慣れてきたら片手だけで）、倒れないように立位を保つ

4

目的別リハビリテーション

107

▼バランスパッド

　鏡を必ず前方に置き、本人の目で姿勢がまっすぐになるように修正すると
よいです。突然倒れてしまうこともあるので、介助者は近くにいるようにし
ましょう。慣れてきたら両手を離してもよいですが、転倒の危険性が高まる
ため注意しましょう。

注意

　一度改善しても、リハビリを行わないと静的バランスは元に戻ってしまい
ます。動的バランスも同様で、続けて行う必要があります。

筋トレーニング

ふらつき改善には筋力も重要な役割となります。

▼お尻上げ運動

> 仰向けで両膝を立て、お尻を持ち上げて、5〜10秒ほど上げたまま維持します。その後、ゆっくりとお尻を下ろします。運動は10回ほどくり返します。お尻は上げすぎないようにしましょう。

▼足上げ運動

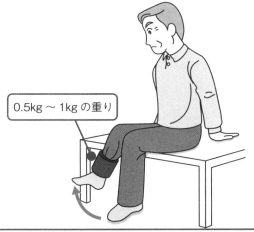

0.5kg〜1kgの重り

> 0.5kg〜1kgの重りを足首につけ、座った姿勢で、足上げを10回ほど行います。足を下ろすときはゆっくりと行ってください。運動を行うとすぐに筋肉痛になる方は、床から5cmほど浮かせる程度でよいです。

4

目的別リハビリテーション

▼つま先立ち運動

立位で手すりか平行棒などに
つかまって、つま先に力を入
れながら、かかとをゆっくり
と上げ下げします。10回ほど
くり返します。

▼横足上げ運動

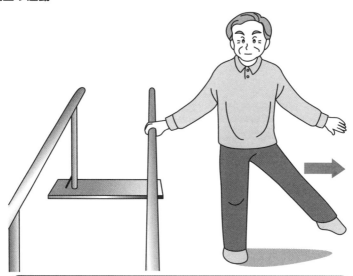

立位で手すりか平行棒などにつかまって、横に片足を上げ広げます。ゆっ
くりと上げると効果的です。ただし、高く上げすぎないように注意しましょう。
運動は10〜30回ほどくり返します。反対側の足も行います。

リスク回避による防止策が機能低下を引き起こす

　高齢者がひとたびイスから立ち上がると、「あ、危ないですよ。座ってくださいね」と優しく誘導するシーンをよく見ます。しかし、実は立つこと自体が危ないわけではありません。むしろ「立ったらすぐ座らせなければ事故につながる」という考え方こそが危ないのです。

　確かに、転倒して骨折でもしたら本人がつらい思いをするかもしれません。しかし、イスに何時間も座り続けるのは身体の構造上、若者でも厳しいことです。まして高齢者ともなれば、短時間で背中や腰が痛くなるのは当たり前です。ある程度の時間座っていたら、立ち上がることをしなければならないと考えましょう。ぜひ「座り替え」「ベッドに戻る」「体操をする」などを実践していただければと思います。

　高齢者がジッとしていてくれれば安心なのかもしれません。しかし、それが毎日続くと廃用症候群につながります。気づいたときには膝や足首は拘縮をし、立つための筋力は低下、バランス能力も低下して、余計に転倒へとつながります。そのため、リスクマネジメントとしては、座らせ続けるよりも安全に運動をする実践をしたほうがよいのです。

　具体的には、高齢者がイスから立ち上がったら、仕事の手を止め、少し離れたイスやソファーに誘導することがよい運動になります。運動すべき高齢者に対しては、ゴソゴソ動けるように支えることが大切です。

4

目的別リハビリテーション

T字杖の調整の仕方

　最近は福祉用具のお店だけでなく、ドラッグストアやネットショッピングでもT字杖の購入が可能になってきました。在宅や施設でお会いするお年寄りたちの杖を見ると長さが合っていない方も目立ちます。そこでどのように長さ調整をするかの方法についてお伝えします。

●自分の身長に合った杖の長さの目安

　まずはお年寄りの身長から、杖の長さはどのくらいがよいかを早見表で見ていきましょう（単位：cm）。

身長	144	146	148	150	152	154	156	158	160	162	164	166
サイズ	75	76	77	78	79	80	81	82	83	84	85	86

　身長150cmの方なら、大まかな杖の長さは78cmほどが目安となります。そして、杖の長さが的確であるかの確認は、T字杖の持ち手の高さを見ます。持ち手が大腿骨大転子（下図左）のあたりにあるとよいです（骨盤と間違わないように）。そして、持ち手側の足先から外側に20cm、その点から前方に20cmほどのところに杖先を置いたときに（下図右）、肘が軽く曲がっていて（肘屈曲30〜40°）バランスが安定していればOKです。

　実は適正な杖の長さは人それぞれ違います。住んでいる場所（山間部）でも違います。できれば専門家（整形外科、リハビリ）に調整してもらうとよいでしょう。なお、背中が曲がって前傾姿勢になっている方の杖の長さ調整も、同様に大腿骨の大転子の高さでよいです。

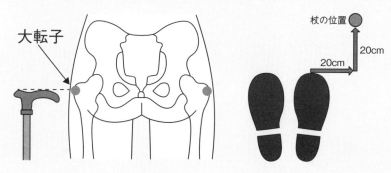

大転子

杖の位置

20cm

20cm

第 5 章

自立のための
リハビリテーション

寝返る、起き上がる、立ち上がる、歩く、座る……高齢者が自分で、または部分介助でこれらの動作ができるようになるためのリハビリテーションです。

寝返りをうつ①

5-1 基本練習

寝返りをうつことは、寝ていることによる身体のストレスを改善する動作です。体圧分散の基本となります。

寝返りに必要な基本練習①

寝返りに必要な3つの練習をしてみましょう。

①膝を曲げる（かかとをお尻に近づける）
②おへそを覗くように、頭を少し上げる（5 〜 10 回程度行う）
③お尻を少しだけ浮かせる（5 〜 10 回程度行う）

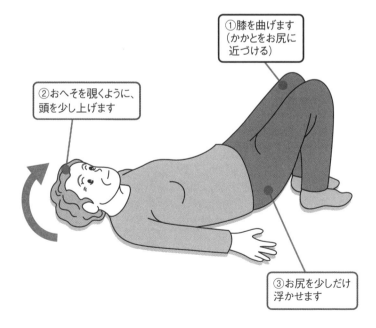

①膝を曲げます（かかとをお尻に近づける）

②おへそを覗くように、頭を少し上げます

③お尻を少しだけ浮かせます

寝返りに必要な基本練習②

横にずれる練習は起き上がりにもつながります。

左に寝返るとき

③頭と肩を右側にずらします

②お尻を浮かせ、左横にずらします

①両足を左横へずらします

 ポイント

寝返りは、頭を上げる力やお尻を上げる力があると楽にできます。力をつけるために練習をしてみましょう。膝を曲げることができるとお尻が上げやすくなるため、膝を曲げることも併せて行うとよいでしょう。

5-2 自分で行う寝返り

寝返りには個性がありますが、共通しているパターンを観察すると指示や指導に役立ちます。

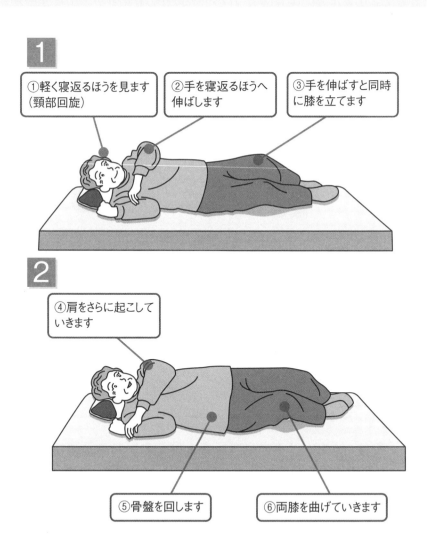

1

①軽く寝返るほうを見ます（頚部回旋）

②手を寝返るほうへ伸ばします

③手を伸ばすと同時に膝を立てます

2

④肩をさらに起こしていきます

⑤骨盤を回します

⑥両膝を曲げていきます

3

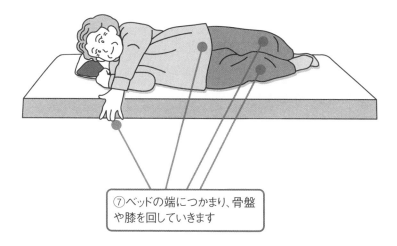

⑦ベッドの端につかまり、骨盤
や膝を回していきます

4

⑧最後に骨盤の位置を
整えます

5-3 片マヒの方の寝返り

寝返りをうつ③

マヒのタイプやマヒ側の拘縮の状態により、寝返りの仕方も若干変わります が、まずは下図①～③ができるようになりましょう。

1

②患側を健側で持ちます

①頭を起こします

③健側の膝を立てます

2

④健側で患側を導きます。その際、健側の 膝の外側をめざしながら肩を起こしていきます

⑤頭を寝返るほうへ 上げていきます

⑥頭・肩・骨盤・膝を寝返るほうへ向けていきます

ポイント

片マヒの方の寝返りは、私たちから見ると普通に行っていますが、マヒ側はかなり感覚に違和感があり、しかも重いので苦労して寝返っています。その気持ちを理解した言葉かけや見守りが大切です。

寝返りをうつ④

5-4 介助して行う寝返り

寝返り時に限らず、介助するときは必ず声をかけることが重要です。「手伝います。まずは膝を立ててください」など、相手の動きを導きます。

1

①腕をお腹の上に乗せてもらいます

②膝を立てます

2

③頭をサポートします

④寝返るときに手を巻き込まないようにサポートします

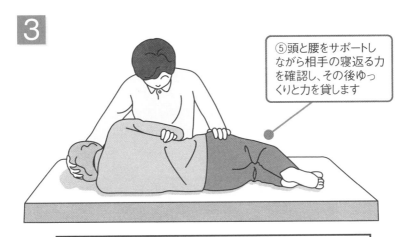

3

⑤頭と腰をサポートしながら相手の寝返る力を確認し、その後ゆっくりと力を貸します

寝返るときに「このまま頭を起こしたままで、目は膝を見ましょう」など、誘導するように声をかけましょう

 ポイント

介助するときに重要なのは、"相手の動きを待つ" ことです。たとえば頭を上げるときに、見た目は上がっていなくても、上げる努力をしていることを確認してから手を貸していきましょう。

起き上がる①

5-5 基本練習

起き上がるには、上半身の力を多く使います。そのためには、低下している筋力を改善する練習が必要になります。

起き上がりに必要な基本練習①

起き上がりに必要な身体のひねりの練習です。

①両膝を曲げる

②膝を倒し始めると同時に、首を膝と反対側に向ける。

③ 10 回程度くり返す

※寝ころんでいるときに朝・昼・夕の 3 回行う

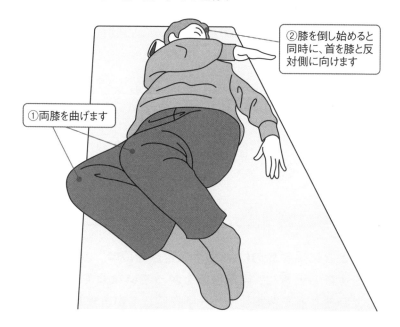

②膝を倒し始めると同時に、首を膝と反対側に向けます

①両膝を曲げます

起き上がりに必要な基本練習②

肩の動きは起き上がるときにも大切です。

①上げるほうの肘を持つ

②ゆっくりとまっすぐ上に上げていく

③5秒程度保ち、ゆっくり元に戻す

①肩を上げるほう
の肘を持ちます

②ゆっくりと、
まっすぐ上に
上げていきます

ポイント

起き上がりをするには、身体をひねる（体幹の回旋）ことや肩関節
の可動域（屈曲90°）の確保が大切になります。肩上げ運動は、仰
向けの状態で行うと上げやすいです。座位で行っても構いません。

起き上がる②

5-6 自分で行う起き上がり

起き上がる前に、動作がしやすいようベッド上にスペースを作るとよいです。

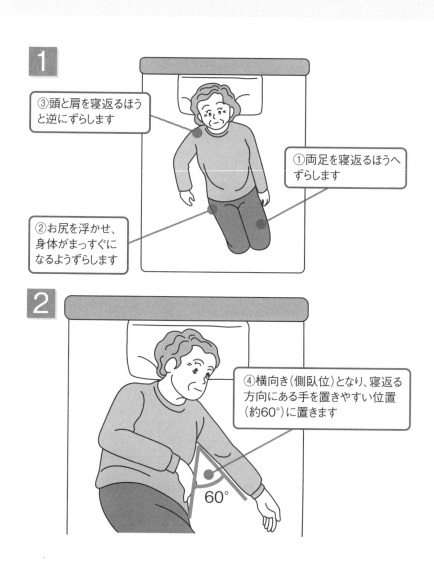

1

③頭と肩を寝返るほうと逆にずらします

①両足を寝返るほうへずらします

②お尻を浮かせ、身体がまっすぐになるようずらします

2

④横向き(側臥位)となり、寝返る方向にある手を置きやすい位置(約60°)に置きます

60°

3

⑤足をベッドから下ろしつつ、
肘を起点にして起き上がります

Ｐ

筋力を強化したい場合は、
足をベッドから下ろさな
いで行うと効果的です

4

⑥起き上がりが完了した後は
姿勢を正します。姿勢が安定
した後に、少し前へ移動する
練習もすると、立ち上がりにも
つながります

5

自立のためのリハビリテーション

起き上がる③

5-7 片マヒの方の起き上がり

普通の起居動作でも、筋力やバランスを向上させることができます。意図を持って行うとリハビリにつながります。

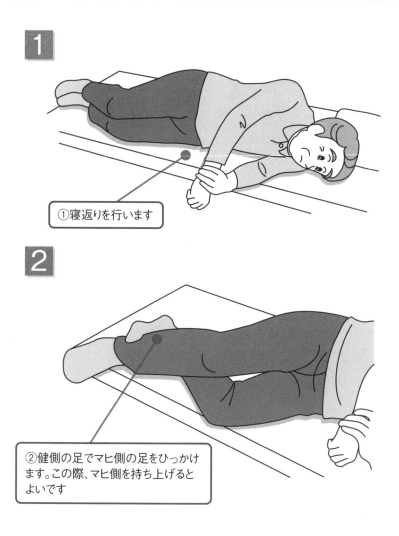

1

①寝返りを行います

2

②健側の足でマヒ側の足をひっかけます。この際、マヒ側を持ち上げるとよいです

126

③足をゆっくり下ろしながら、肘を起点に起き上がっていきます

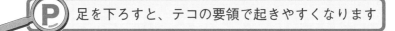

P 足を下ろすと、テコの要領で起きやすくなります

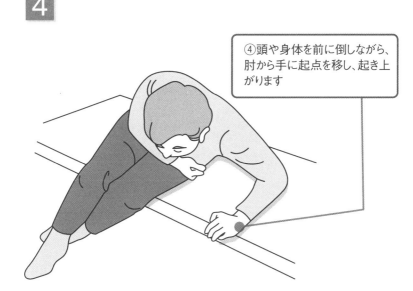

④頭や身体を前に倒しながら、肘から手に起点を移し、起き上がります

5

自立のためのリハビリテーション

5-8 介助して行う起き上がり

起きる動作の仕方を覚えられるように、介助をくり返して指示・指導をしていきます。

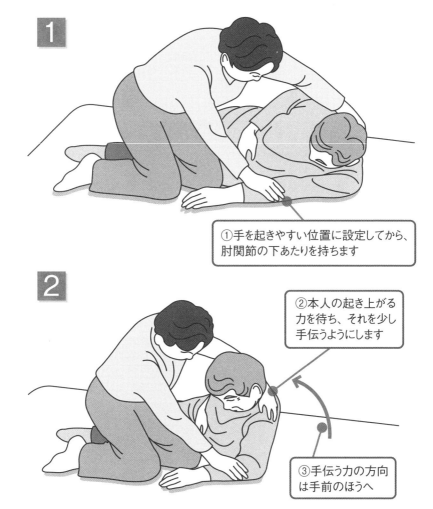

1

①手を起きやすい位置に設定してから、肘関節の下あたりを持ちます

2

②本人の起き上がる力を待ち、それを少し手伝うようにします

③手伝う力の方向は手前のほうへ

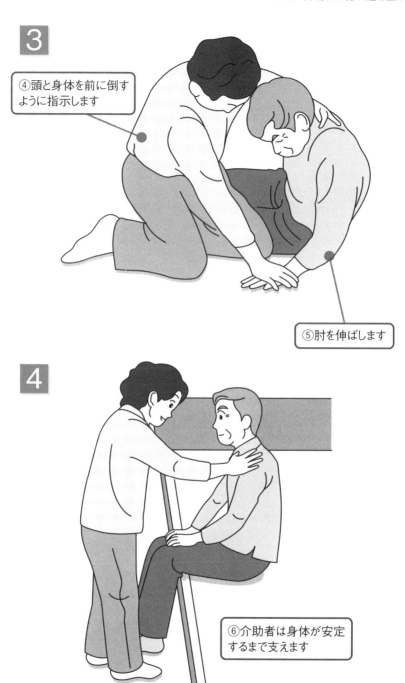

3

④頭と身体を前に倒す
ように指示します

⑤肘を伸ばします

4

⑥介助者は身体が安定
するまで支えます

立ち上がる①

5-9 基本練習

立つということは、全身の力を多く使います。そして、バランス能力も使うため、歩くことにもつながります。

立ち上がりに必要な基本練習①

①仰向け（仰臥位）になり、かかとをお尻に近づける

②お尻をゆっくり上げる

③10秒程度保ち、ゆっくり元に戻す

①膝を曲げ、かかとをお尻に近づけます

②お尻をゆっくり浮かします

ポイント

立ち上がりをするときには殿筋や大腿四頭筋など、大きな筋肉の力を使用します。お尻上げに使う筋肉は、立ち上がるときに使う筋肉とよく似ているため、立ち上がりの基本練習として有益です。転倒もなく安全に練習を行える方法です。

立ち上がりに必要な基本練習②

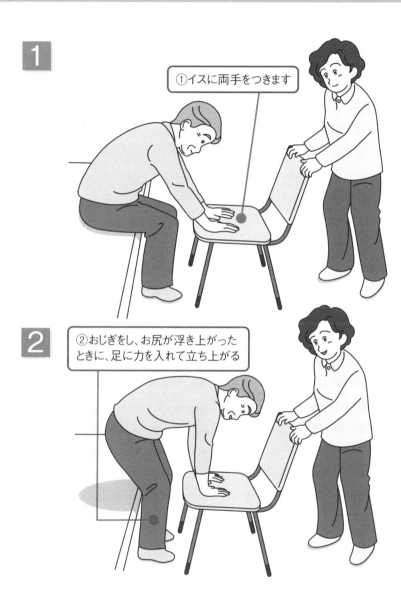

1

①イスに両手をつきます

2

②おじぎをし、お尻が浮き上がったときに、足に力を入れて立ち上がる

立ち上がりの基本

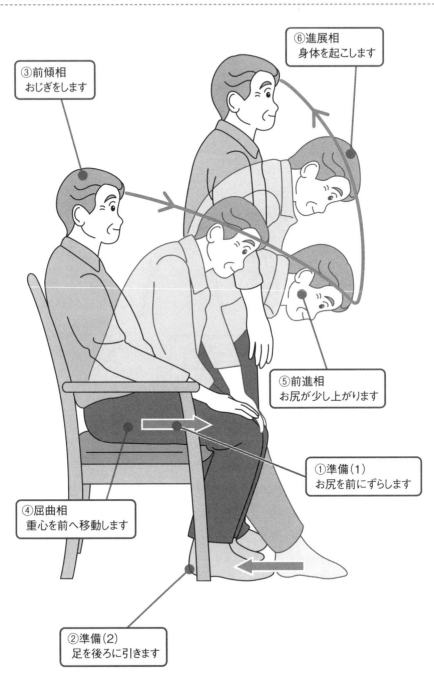

③前傾相
おじぎをします

⑥進展相
身体を起こします

⑤前進相
お尻が少し上がります

①準備（1）
お尻を前にずらします

④屈曲相
重心を前へ移動します

②準備（2）
足を後ろに引きます

5-10 自分で立ち上がる

　立ち上がりの基本に沿って支持していきましょう。動作をゆっくり行うと、バランスや筋力の練習になります。

1

①立ち上がりやすいように少し前へずれます

2

②前傾姿勢をとります

③お尻が上がると同時に、足に力を入れ立ち上がります

3

5-11 介助で立ち上がる

相手の立ち上がり動作を邪魔しないことが大事です。そして、相手の力が働いてから力を貸すとよいです。

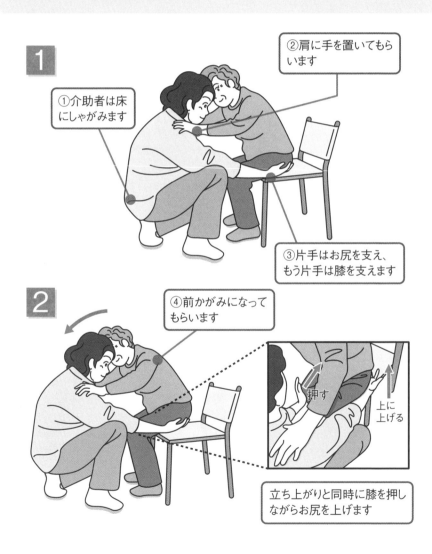

1

②肩に手を置いてもらいます

①介助者は床にしゃがみます

③片手はお尻を支え、もう片手は膝を支えます

2

④前かがみになってもらいます

押す

上に上げる

立ち上がりと同時に膝を押しながらお尻を上げます

⑤相手の足に力が入り、立ち上がり始めてから援助します

P 立ち上がり始めたら、「ゆっくり、姿勢を正してください」など、声をかけることが重要です

ポイント

相手の力を使う立ち上がりの援助をすることで、立ち上がる力がついてきます。力が弱ってきたからといって、全介助で行ってしまうと立てなくなる可能性があるため、半介助の援助を軸に行いましょう。

5

自立のためのリハビリテーション

立ち上がる④

5-12 片マヒの方が介助で立ち上がる

立ち上がりの再教育をする練習です。当たり前の動作を身体は忘れてしまうので、くり返し行います。

1

①介助者はマヒ側に座ります

③腰を支えます

②マヒ側の膝を支えます

2

④一緒におじぎをします

P 「では、おじぎをしましょう。立ち上がりますよ」など、声かけをすることが重要です

136

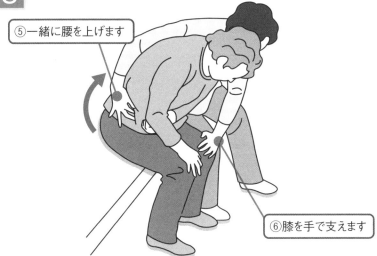

⑤一緒に腰を上げます

⑥膝を手で支えます

⑦腰を伸ばして立ち上がります

5

自立のためのリハビリテーション

歩く①

5-13 基本練習

　歩くということは、本人の生きる希望や自信がつくことにつながり、行動範囲が広くなります。

歩くために必要な基本練習①

①イスや車イスに座ります

②ゆっくり足を交互に上げて、足踏みを行います

ポイント

歩くことは全身の複合動作となるため、動作を再獲得するのは意外に難しいものです。立ち上がりや立位がしっかりとできるようになってから行うとよいでしょう。あわてないことが大切です。

歩くために必要な基本練習②

体幹の筋力向上とバランス機能の練習です。

①四つ這いの姿勢をとる

②上げた手と反対側の足を上げてバランスをとる

③ 10 秒程度保ち、片側 3 セットずつ行う

1

①四つ這いの姿勢を
とります

2

②片方の手を上げます

③上げた手と反対側の足を
上げてバランスをとります

5

自立のためのリハビリテーション

5-14 平行棒を持って歩く

歩行では最も基本的な練習です。足の運び方が重要で、歩行時に必要なバランス移動の反復練習です。

①平行棒内で立つ

②右手を出す

③左手を出す

④右足を出す

⑤左足を出す。この手順でくり返して歩く

※左手から始めるときはこの逆で行う

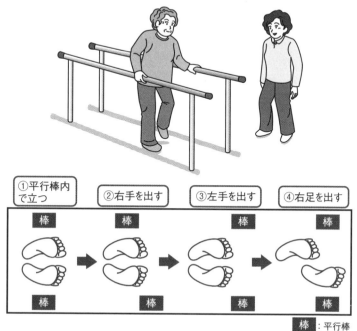

①平行棒内で立つ	②右手を出す	③左手を出す	④右足を出す

棒：平行棒

140

5-15 歩行器で歩く

歩行器を使い始めたときには足を運ぶ順序を守り、じっくりと基本動作をくり返すことが重要です。

①歩行器を前に出す

②右足を出す

③左足を出す

④この手順でくり返して歩く

　※左手から始めるときはこの逆で行う

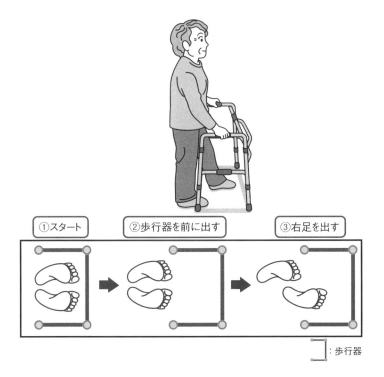

| ①スタート | ②歩行器を前に出す | ③右足を出す |

:歩行器

5-16 杖歩行の介助

杖を使用しての歩き方としては、少し応用的な足の運び方練習です。足と杖を同時に出すことで、バランス練習としています。

①杖と同時に右足を出す

②右足の位置にそろえる程度に左足を出す

③これをくり返して歩く

※介護者がいるときに行う歩行練習です。特にふらつきのある方は、単独で行ってはいけません。

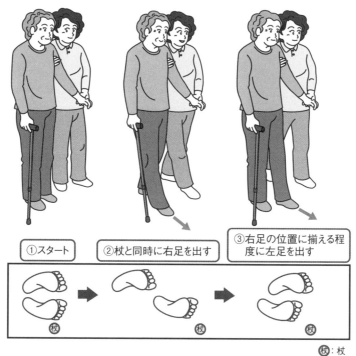

①スタート　②杖と同時に右足を出す　③右足の位置に揃える程度に左足を出す

⑫：杖

142

歩く⑤

5-17 介助して歩く

相手の動きに合わせて行うことで、バランス能力向上を目的としています。
相手の足が出しやすいように、肘のサポートをすることが重要となります。

①介助者は相手が足を出したら、同じ方の足を後ろへ引く
②次に、出した足と同じ方の足を引く
③これをくり返して歩く

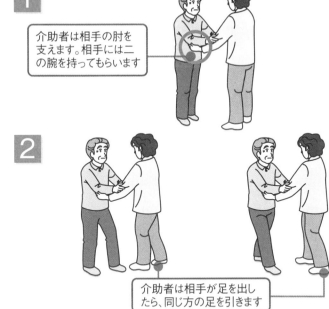

1 介助者は相手の肘を支えます。相手には二の腕を持ってもらいます

2 介助者は相手が足を出したら、同じ方の足を引きます

5

自立のためのリハビリテーション

👉 ポイント

バランス能力向上の目的もあるため、相手の動きに合わせて行うことが重要です

5-18 歩く⑥ パーキンソン病の歩行練習

パーキンソン病の歩き方は、前に足を出すのではなくて上に足を上げるように意識づけることが重要です。

①平行棒内や手すりの側の床に、ビニールテープなどを貼ってはしご状の枠を作る

②枠の中に右足を入れて、次の枠の中に左足を入れる

③これをくり返す

平行棒

P 横歩きも行うと効果的です

ポイント

パーキンソン病の特徴として "すくみ足" があります。そのため、普通に歩こうとすると足が出ないのですが、またぐ動作はできる方が多いため、"はしご" を模した線を用意するとよいでしょう。また、階段昇降も有効であることが多いです。

5-19 階段での足を運ぶ順番

階段の足を出すときは「行きはよいよい、帰りはこわい」と覚えるとわかりやすいです。

昇り

階段を上るときは力の入る足を先に踏み出します。
膝などに痛みがある方は、痛みのない足から踏み出します。
片マヒの方は健側から踏み出します。

降り

階段を降りるときは、力の入りにくい足を先に出します。
膝などに痛みがある方は、痛みのある足から踏み出します。
片マヒの方は患側から踏み出します。

5

自立のためのリハビリテーション

5-20 基本練習

座るということは、姿勢を保つために力を多く使います。そして腰掛ける
ときは下肢の力をよく使うチャンスです。

座るために必要な基本練習①

座ったときの骨盤の位置を整える練習です

①仰向けになり、お尻の下にたたんだタオルを入れる
②おなかをへこますようにお尻を上げ下げする
③10回ほどくり返す

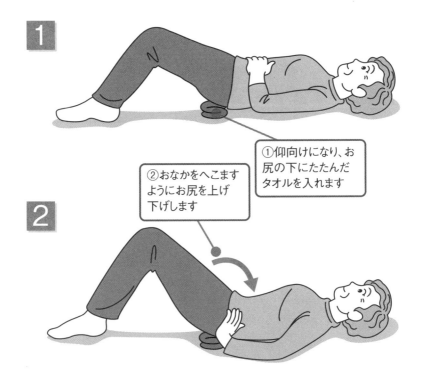

1

①仰向けになり、お
尻の下にたたんだ
タオルを入れます

2

②おなかをへこます
ようにお尻を上げ
下げします

座るために必要な基本練習②

鏡を見ながら、姿勢を整える練習です。

①鏡に向かって正面に座る

②頭・肩・腰・膝の位置を目で確認しながら左右対称になるよう
　に位置を合わせる

③できれば毎日、姿勢を目で確認する

①鏡の正面に座り、
全身を映します

②頭・肩・腰・膝の位置
を目で確認しながら、左
右対称になるように、自
分で姿勢を調整します

 ポイント

**目で姿勢を確認することにより、筋肉の力の入れ具合が理解でき
ます。正しい姿勢は座位時には重要です。**

5

自立のためのリハビリテーション

5-21 座る② 自分でイス・車イスに座る

座り方には個性があります。バランスが安定していれば、どのやり方でもよいですが、着座する瞬間は要注意です。

1

①イスの肘かけを持って、身体を支えます

2

②両手を机に置き、お尻をイスに向けます

ドスンと勢いよく座ると脊椎圧迫骨折や腰痛になる可能性もあるため、要注意です。治すことばかりではなく、ダメージを負わないことも大切です

③ゆっくりと着座します

5

自立のためのリハビリテーション

足が弱い方は着座の瞬間が苦手なため、お尻を両手で支えながらゆっくりと着座する実践をします

5-22 介助してイスに座る

ゆっくりとサポートすることで、相手の筋力を使わせる目的があります。
膝折れしないように要注意です。

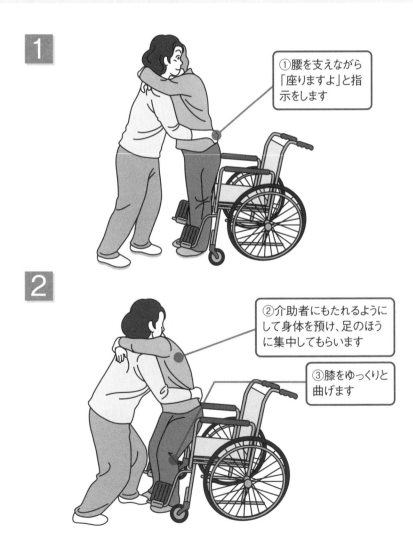

1

①腰を支えながら「座りますよ」と指示をします

2

②介助者にもたれるようにして身体を預け、足のほうに集中してもらいます

③膝をゆっくりと曲げます

③

④介助者は腰をゆっくり落としていき、相手が前傾姿勢をとりやすいようにします

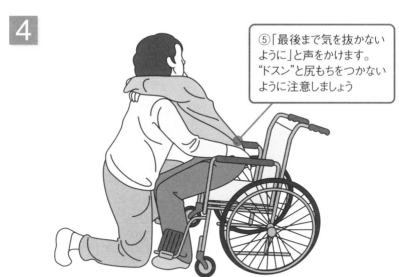

④

⑤「最後まで気を抜かないように」と声をかけます。"ドスン"と尻もちをつかないように注意しましょう

ポイント

立位からイスへ座るときは、足の力をよく使います。介助者は相手が力を使っているかを確認しながら、ゆっくりと座る援助をすることが重要です。

5-23 寝たきりの方への座位保持

寝たきりになっている方への復帰サポートとして、必ず行います。会話を忘れないことが重要です。

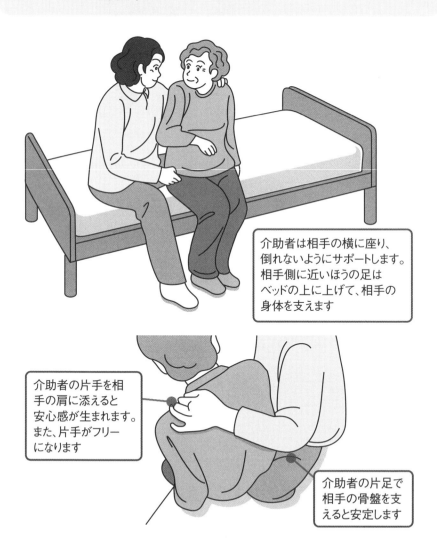

介助者は相手の横に座り、倒れないようにサポートします。相手側に近いほうの足はベッドの上に上げて、相手の身体を支えます

介助者の片手を相手の肩に添えると安心感が生まれます。また、片手がフリーになります

介助者の片足で相手の骨盤を支えると安定します

拘縮がある方の場合は、ベッドフレームなどで
ケガをさせないよう、注意して慎重に起こします

 **ポイント**

ベッド端座位を行うことは寝たきりの方にとっては運動をするの
と同じで、1分以上行うと効果があります。息づかいを見て、座ら
せすぎに注意をしながら話しかけていくことが重要です。ベッド
の高さは足がつくように調節することが条件です。

5

自立のためのリハビリテーション

Column　レクやアクティビティは夕方に行おう

　高齢者ケアの現場において、起きている時間に身体を動かせば、夜眠りやすくなるということは周知であると思います。しかし、運動する時間にはコツがあります。

　まず、午前中はどうでしょう。午前中に運動をしてもよいのですが、そうすると昼食後、満腹感とほどよい疲れからお昼寝が長くなる傾向があります。

　一般的には、午後の1時から3時の間にレクリエーションなど身体を動かすことが多いでしょう。しかし、夕方あたりに疲れてくるため、そこで眠ってしまうと、夜はなかなか眠れるものではありません。高齢者からもよくそう聞きます。

　夜に良質な睡眠を提供することが目的ならば、レクリエーションやアクティビティに最も適した時間は夕方から夜の6時ぐらいの間です。私たちの身体は午後3時から4時までの間に深部体温＊が最も高くなります。深部体温が高い時間から引き続いて運動をすると、体温は上昇もしくは維持できます。深部体温は夜になると少しずつ下がっていきますから、夕方に運動することで下がる時間をずらしてやると、寝つきがよくなるばかりか、良質な睡眠を得ることができます。

　しかし、人手が少なく実践は難しいと言われるかもしれません。いろいろな施設で勤務表を見る機会がありますが、だいたい昼の1時が職員数のピークで人数が多くなっています。解決策として、たとえば夕方にこのピークをもっていってはどうでしょうか。良質な睡眠を高齢者に提供できるかもしれません。ぜひ、実践してみてください。

＊深部体温：身体の中心部の体温のこと（37℃前後）

第6章

疾患別リハビリテーションの基礎知識

　高齢者に多い運動器の障害や脳卒中、廃用症候群などの症状と経過、治療内容、リハビリテーションプログラムについて理解を深めましょう。

6-1 大腿骨頸部骨折

転倒を恐れすぎると、再骨折のリスクが高くなります。

疾患の概要

　大腿骨頸部とは、太ももの骨（大腿骨）の先端にある球形の骨頭（骨盤のくぼみにはまっている）の下の部分です。大腿骨頸部骨折の原因の多くは転倒によるものです。高齢者施設や家庭内では、精神安定剤や睡眠薬などの服用による副作用で転倒し、骨折が起こる場合が多くあります。ただし、骨折したからこそ転倒することもあるため、転倒⇒骨折というケースばかりではないと理解することが必要です。

　股関節の関節包内で骨折する内側骨折と、関節包外で骨折する外側骨折に分類されます。外側骨折は転子部の骨折です。

▼大腿骨頸部骨折・転子部／転子下骨折の部位

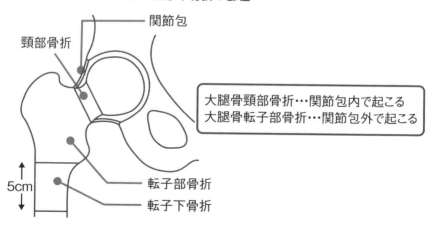

関節包

頸部骨折

大腿骨頸部骨折…関節包内で起こる
大腿骨転子部骨折…関節包外で起こる

5cm

転子部骨折

転子下骨折

症状と経過

　股関節のあたりの痛みと腫れがあり、さわると熱感があることも珍しくありません。股関節に痛みがなくても膝に痛みが出ることもあります。関節包の外側（転子部骨折）での骨折の場合は症状が激しくわかりやすいですが、関節包の内側（頸部骨折）の骨折では痛みが少ないこともあるため、骨折に気づかない場合もあります。

治療の知識

手術療法

　関節包内は血流が乏しいため、頸部骨折は治りが遅くなります。そのためスクリュー固定や人工骨頭を挿入する手術などが行われます。

保存療法

　全身の状態が悪い場合や、高齢という理由により保存療法が選択されることがあります。血流が乏しい部位であるため、骨がつかずに偽関節を呈したり、折れた骨が壊死してしまうこともあります。

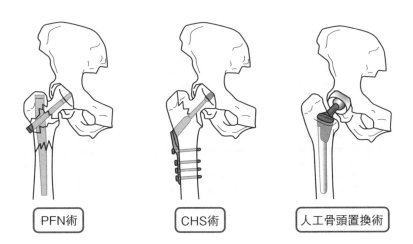

PFN術　　　　CHS術　　　　人工骨頭置換術

リハビリテーションの実際

➕ リハビリプログラム ➕

①ホットパック（股関節〜お尻）15分
②関節可動域訓練（股関節）5分
③筋力増強訓練（大腿四頭筋・外転筋など）1〜10分
④バランス訓練（支持基底面積拡大）〜15分
⑤歩行訓練1〜5分

注意

　人工骨頭の手術をしている方は、股関節を曲げて膝を内側に寄せたりすることは絶対に行ってはいけません。

　たとえばイスに座り足を組む、患側を上にして股・膝を曲げ側臥位になるなどすると、骨頭が外れる危険性があります。

①ホットパック　作り方：P.54

股関節に当てます

ホットパック

②関節可動域訓練（股関節）　P.63参照

片方の膝を抱え、息を止めないで10秒数えます。反対側も同様に、2〜3回ずつ行います

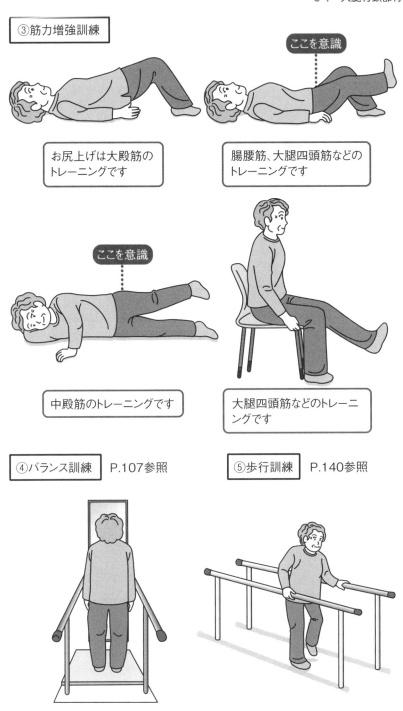

③筋力増強訓練

ここを意識

お尻上げは大殿筋の
トレーニングです

腸腰筋、大腿四頭筋などの
トレーニングです

ここを意識

中殿筋のトレーニングです

大腿四頭筋などのトレーニングです

④バランス訓練　P.107参照

⑤歩行訓練　P.140参照

6

疾患別リハビリテーションの基礎知識

6-2 脊椎圧迫骨折

圧迫骨折は、イスやベッドに着座する瞬間、細心のケアを行うことが重要です。

疾患の概要

高齢者では骨粗鬆症（こつそしょうしょう）が起因となることが多く、椎体（ついたい）の強度を超えた力が加わると起こります。胸椎や胸腰椎の移行部（第11胸椎〜第2腰椎）で最も発生します。転倒で起こることがよく知られていますが、咳やくしゃみでも起こることがあります。

"円背"という背中が丸まっている状態も、脊椎圧迫骨折（多発性）であると考えるとよいでしょう。

▼脊椎圧迫骨折

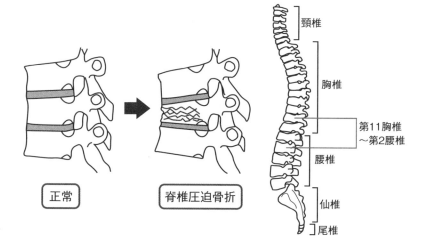

正常 脊椎圧迫骨折

頚椎
胸椎
第11胸椎〜第2腰椎
腰椎
仙椎
尾椎

症状と経過

　骨折した周辺に強い痛みが発生し、寝返りができないほどの痛みも珍しくありません。ぎっくり腰のようにも見えますが、圧迫骨折による骨片が脊柱管を圧迫して神経症状（放散痛・しびれ）を起こす場合もあるため、早期の受診が求められます。中には長い時間をかけて徐々に椎体が圧迫されることもあり、痛みが伴わない場合もあります。

治療の知識

　脊椎圧迫骨折の治療はベッドにおける臥床、安静にすることが基本です。安静の期間は、骨がある程度固まるまでの1か月を目安にしていますが、高齢者の場合、廃用症候群になってしまうと、骨折が治っても寝たきりになることもあるため、どのタイミングで起こしてよいのか判断は様々です。

　痛みは安静を続けていると自然に軽快します。しびれなどの神経症状がない場合は、体幹コルセットや腰椎軟性コルセットを用いて、脊椎が動かないように固定します。骨折が完全に固まるまでは2〜3か月かかるため、脊椎圧迫骨折受傷から3か月が過ぎるまでは、高齢者にとって激しい運動などは控えるべきです。

リハビリテーションの実際

　前述したように、脊椎圧迫骨折直後は安静を保つことが望ましく、リハビリは骨折の状態が良好になってから行います。筋力訓練は腹筋と背筋を中心に鍛えますが、痛みが生じるときは控えます。一番重要なことは"予防"で、座り方の指導をしっかりと行うことです。

6

疾患別リハビリテーションの基礎知識

➕ リハビリプログラム ➕

①精神面へのアプローチ（言葉かけ）

②ホットパック（腰）15分

③マッサージ（背中〜腰を軽くさする）

④筋力増強訓練（腹筋・背筋）1〜10分

⑤再発予防教育

①精神面へのアプローチ

言葉かけをします

②ホットパック　作り方:P.54

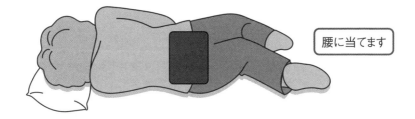

腰に当てます

③マッサージ

④筋力増強訓練

背中から腰にかけて軽くさすります

端座位を保つことで筋力が回復します

⑤再発予防教育

ドスンと勢いよく座ると再骨折の
おそれがあるため、ゆっくり座る
よう注意します。着座の際、お尻
を両手で支え、サポートしましょう

6

疾患別リハビリテーションの基礎知識

ポイント

認知症の方は痛みが引くと起き上がってきますし、座ることがで
きれば歩き始めます。そのときは動きを制限するのではなくて、
介護スタッフが付き添い、合わせます。着座する瞬間だけは要注
意です。「ドスン」と座らないように必ずサポートをします。

6-3 変形性膝関節症

関節の痛みの訴えを軽く受け止めないことが重要です。

疾患の概要

　膝関節の関節軟骨が減る加齢変化で、女性に多く見られます。膝の内側の軟骨がすり減る病変（O脚）が圧倒的に多いのも特徴で、削れた軟骨などが刺激となって滑膜炎症が起き、水（関節液）がたまることも多々あります。この水は必要があってたまるため、膝の可動域制限が強く生活に支障が出ないかぎり、あまり抜かないほうがよいです。

▼変形性膝関節症

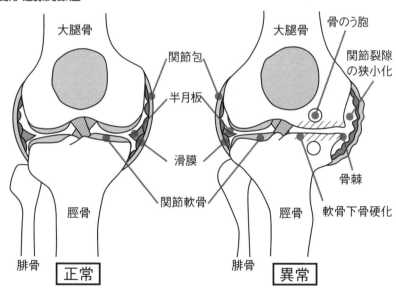

症状と経過

　立ち上がるときやイスに腰掛けるときに、痛みが強く生じやすいです。痛みが強くなると生活の行動範囲が狭まり、それに伴いカロリー消費が少なくなれば、体重が増えます。体重増加により膝の負担が増え、痛みも強くなるという悪循環が生まれます。

　明らかに肥満と判断できる方には減量を指導しなければなりませんが、食事制限から行うとストレスが強く、かえって過食傾向になるため、運動をしながら間食を少しずつ減らしていくとよいでしょう。

治療の知識

　基本的に手術をしない保存療法が中心になります。手術療法では主に骨切り術や人工関節置換術などを行いますが、高齢になるとあまり適応されません。

　効果的な保存療法を行うためには、膝の痛みの原因を理解することが重要です。高齢者では膝を伸ばす筋力の低下が多く見られるため、筋力増強訓練（特に内側広筋・大腿直筋）を行うとよいです。

　膝の痛みが起こらないような生活を続けていると、膝の屈曲拘縮が知らないうちに起こってしまいがちです。膝が曲がると腰も曲げて歩かなければならなくなるため、腰が曲がらないためにも膝のストレッチは大変重要になります。また、膝に水がたまる場合は、膝を伸ばした状態で太ももに力を入れる運動をすると、水がなくなることがあります。

　減量も治療の手段として重要ですが、歩行の際に手すりや杖を持って膝にかかる荷重を減らすことも有効です。

　このほかに、薬物療法や装具療法が処方されることも多くあります。

6

疾患別リハビリテーションの基礎知識

リハビリテーションの実際

高齢者における膝のリハビリテーションは、杖や歩行器などを使って膝にかかる荷重を減らして"歩く"ことを基本的に行うとよいです。

➕ リハビリプログラム ➕

①ホットパック（膝関節）15 分
②関節可動域訓練（膝の曲げ伸ばし）5 分
③ストレッチ（膝の後ろを伸ばす）
④筋力増強訓練（内側広筋・大腿直筋）1 ～ 10 分
⑤歩行訓練（痛みが強くならない程度）

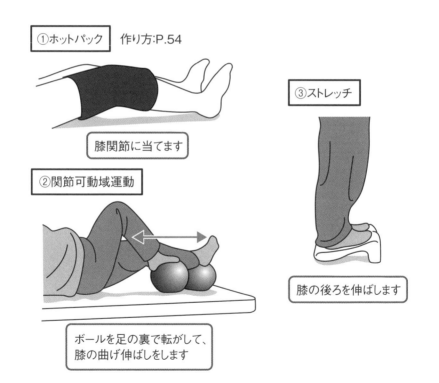

①ホットパック　作り方:P.54

膝関節に当てます

②関節可動域運動

ボールを足の裏で転がして、膝の曲げ伸ばしをします

③ストレッチ

膝の後ろを伸ばします

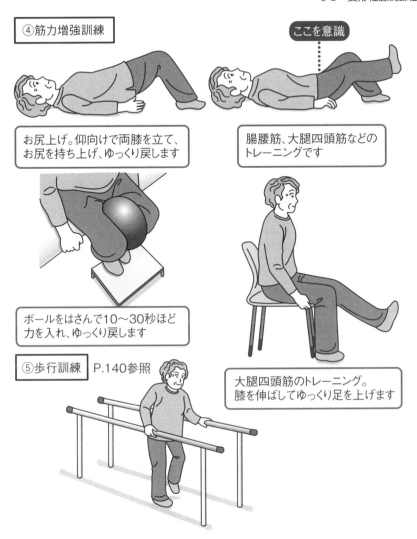

④筋力増強訓練

ここを意識

お尻上げ。仰向けで両膝を立て、お尻を持ち上げ、ゆっくり戻します

腸腰筋、大腿四頭筋などのトレーニングです

ボールをはさんで10〜30秒ほど力を入れ、ゆっくり戻します

⑤歩行訓練　P.140参照

大腿四頭筋のトレーニング。膝を伸ばしてゆっくり足を上げます

ポイント

高齢者にとって膝の後ろを伸ばす動作は困難なので、ストレッチ体操ではなく、市販のストレッチボードに乗るとよいでしょう。時間は1分〜3分までとし、角度は10〜20度程度が適当です。平行棒内で棒につかまりながら行うと安全です。

6

疾患別リハビリテーションの基礎知識

関節リウマチ

リウマチは、関節に負荷を与えすぎないケアが必要です。

疾患の概要

　関節リウマチは全身性の炎症疾患であるため、全身状態の観察が重要です。原因は未だ不明で、青壮年の女性に多く、手指や足指、肘や膝などの関節が対称性に侵されていくのが特徴といえます。また、皮膚・目・肺・心臓・筋肉・神経・血管にも症状が出ることがあります。

▼早期関節リウマチの診断基準

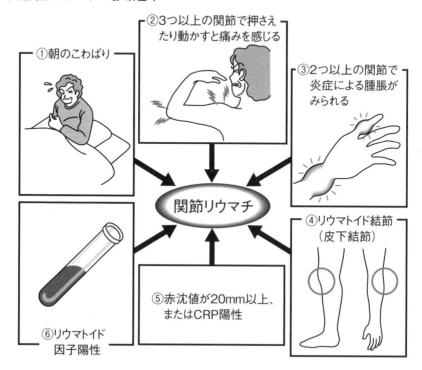

①朝のこわばり

②3つ以上の関節で押さえたり動かすと痛みを感じる

③2つ以上の関節で炎症による腫脹がみられる

④リウマトイド結節（皮下結節）

⑤赤沈値が20mm以上、またはCRP陽性

⑥リウマトイド因子陽性

関節リウマチ

症状と経過

　全身の倦怠感（易疲労性）、微熱、食思不振、体重減少、痛みやこわばり感が前駆症状です。局所的には滑膜炎からの症状で少しずつ自覚してくる場合が多く、手足や膝などに限局した痛みと腫れを大きく感じます。痛みが出てくると、関節を動かしたくないために、すべての関節に拘縮が起こってしまいます。また、活動量が著しく減るために、筋力低下や骨萎縮も併せて起こります。

　関節外症状としては、貧血・リウマトイド結節・肺病変・心病変（心膜炎）・腎病変（腎炎など）・神経病変（神経炎など）・眼病変（強膜炎・シェーグレン症候群など）などがあります。

▼指の変形

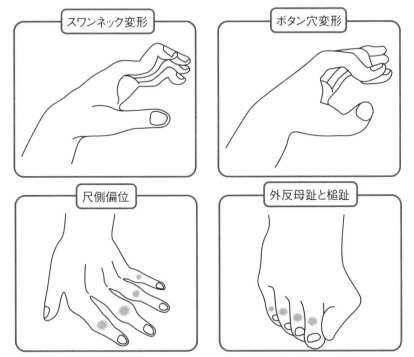

6　疾患別リハビリテーションの基礎知識

治療の知識

　薬物療法が主な治療であると思われがちですが、バランスのとれた食事（栄養補給）と安静が基礎的な治療です。関節が硬くならないように、関節可動域の維持や痛みのない範囲での適度な運動が重要になります。薬物療法では、非ステロイド性消炎鎮痛薬・ステロイド薬・抗リウマチ薬・生物学的製剤の4種類の薬剤を使用します。それぞれの副作用を知っておくとよいでしょう。

- 非ステロイド性消炎鎮痛薬：副作用が少ない
- ステロイド薬：骨がもろくなりやすい
- 抗リウマチ薬：腎機能障害など
- 生物学的製剤：感染症など

リハビリテーションの実際

　リウマチのリハビリは過度な運動を避け、膝などの関節に過度な荷重をかけないことがルールです。主に身体を温めることと、各関節を痛みの出ない範囲で動かす運動が中心となります。

⊞リハビリプログラム⊞

①入浴またはホットパック
②関節可動域訓練（自分で関節を動かすことが原則）
③筋力増強訓練（関節をあまり動かさずに行う）
④日常生活動作訓練（特に移乗の仕方と座り方）

①入浴またはホットパック

②関節可動域訓練

肩の上げ下げ

③筋力増強訓練

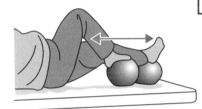

ボールを足の裏で転がして、
膝の曲げ伸ばしをします

お尻上げ。仰向けで両膝を立て、
お尻を持ち上げ、ゆっくり戻します

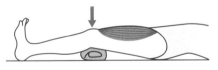

タオルを膝の後ろで押し
つぶすように力を入れます

④日常生活動作訓練

6

疾患別リハビリテーションの基礎知識

脳卒中は前兆に早く気づき、迅速に対応することが重要です。

疾患の概要

　脳卒中は大きく出血性と虚血性に分類され、一過性脳虚血発作（TIA）と合わせて脳血管障害（総称）といいます。昔は栄養状態が悪く高血圧治療が発達していなかったため脳出血が多かったのですが、現在では脂質異常や糖尿病が増えたために脳梗塞の発生率が上がっています。

▼脳血管障害の分類

脳血管障害

脳卒中	一過性脳虚血発作（TIA）
【出血性疾患】 ・高血圧性脳内出血 ・くも膜下出血 【虚血性疾患】 ・脳梗塞（血栓性・塞栓性）	脳の循環障害により起こる一過性の神経症状を指す。24時間以内に完全に消失する特徴を持つが、繰り返し起こることで脳梗塞を併発するおそれがある

症状と経過

　言葉・顔・腕・目に症状として最初に現れます。この時点で救急搬送されれば、多くは後遺症が軽くて済みます。脳卒中にはスピーディな対応が求められます。

▼脳卒中の初期症状

ろれつが回らない、言葉がもつれる、他人の言っていることがわからない

顔の半分や手片方の手足が突然しびれる、マヒする

力はあるが立ったり歩いたりできない、身体が不安定、フラフラする

急に片方の目が見えなくなる、視野の半分が欠ける、物が2つに見える

治療の知識

　おおまかな分類として内科的療法（薬物療法）と外科的療法（手術）に分けられますが、原因により治療法は異なります。

6

疾患別リハビリテーションの基礎知識

　血栓による脳梗塞の治療は近年進歩があり、発症後 3 時間以内ならば薬（t-PA）で血栓を溶かし、後遺症を軽減することが可能となりました（血栓溶解療法）。3 時間以内といっても、検査や診断に 1 時間ほど必要となるため、発症から 2 時間以内に病院へ搬送されていることが必要です。また、脳出血になりやすい体質や、高血圧症を薬でコントロールできない方には適応しないこともあります。

　薬が適応とならなかったり、発症後 3 時間を超えてしまった場合も、マイクロカテーテルの先にループワイヤーを取り付けて血栓を抜き取る血栓除去療法があります。発症後 8 時間以内まで治療が可能です。しかし、いくら治療が進歩しても、症状に素早く気づくことができなければ意味がありません。

▼脳梗塞の再発予防薬

●動脈硬化が原因の脳梗塞
　アテローム血栓症脳梗塞
　　（太い血管に動脈硬化が起こる）　　抗血小板薬で血小板が
　ラクナ梗塞　　　　　　　　　　　　固まるのを抑える
　　（細い穿通動脈に起こる小さな梗塞）
●心臓が原因の脳梗塞
　心原性脳梗塞症　　　　　　　　　　抗凝固薬で血液を
　　（心臓の中にできた血栓が移動して　固まりにくくする
　　脳の太い動脈に詰まって起こる）

リハビリテーションの実際

マヒのレベルによりプログラムは様々ですが、基本的なものは以下です。

✛リハビリプログラム✛

①関節可動域訓練（マヒ側だけでなく健側も実施）
　※特に健側の膝関節に注目すること（拘縮予防）
②筋力増強訓練（お尻上げを基本にする）
③歩行訓練

①関節可動域訓練

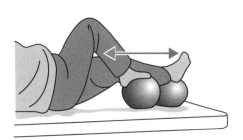

膝の曲げ伸ばしは、マヒ側だけでなく健側も行います

痛くない程度に肘、手首を曲げて、指を少しずつ開きます

P.79参照

②筋力増強訓練

③歩行訓練　P.140参照

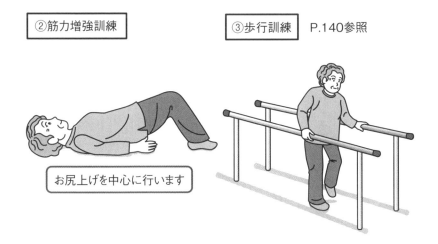

お尻上げを中心に行います

6

疾患別リハビリテーションの基礎知識

パーキンソン病

パーキンソン病はドパミンが出ないということ以外は、私たちとなんら変わりがないという理解が必要です。

疾患の概要

パーキンソン病は中脳黒質の神経細胞が変性し、神経伝達物質の1つであるドパミンが著しく減少あるいは消失して起こる病気です。ドパミンが減少すると筋緊張が強くなり、運動がしづらくなる特徴があります。原因は不明で50歳以上での発症が多く、高齢になればなるほど発生率は上がります。

▼パーキンソン病の概要

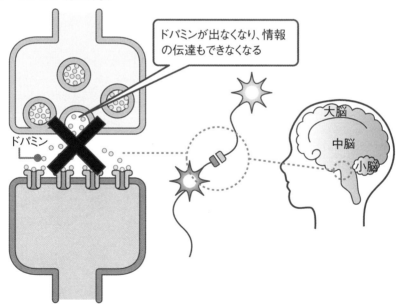

ドパミンが出なくなり、情報の伝達もできなくなる

ドパミン

大脳
中脳
小脳

症状と経過

　4大徴候である運動症状（イラスト参照）も大きな特徴ですが、自律神経症状である便秘、頻尿、発汗異常、起立性低血圧も気にかけなくてはなりません。特に精神面では、まわりの理解がないと抑うつ傾向になりやすいこともよく経験します。また、嚥下障害も起こりやすいですが、寝たきりの場合はこの点にあまり注意が払われないことも多いため、誤嚥性肺炎になることもあります。

▼パーキンソン病の主な症状

身体の動きが緩慢になる、遅くなる（無動・寡動：動きが少ない）

倒れやすくなる（姿勢反射障害）

手足の筋肉がこわばる（固縮）

手足がふるえる、振幅の大きなふるえ（安静時振戦）

6

疾患別リハビリテーションの基礎知識

治療の知識

　パーキンソン病の根本的な治療は、未だに確立されていませんが、薬物療法が主に行われています。外科的療法（脳深部刺激術など）も行われていますが、手術後に症状は軽快しても、長期間の効果は望めないとされています。

　薬物の効果が身体に合わなくなるときがあり、振戦^{しんせん}などの症状が激しくなることがあります。その場合は、長期滞在型の施設入居者でも専門病院に入院をして、薬の調整をしなければなりません。

 ポイント

①体幹の回旋が不得意な方が多いため、歩くことはできても、寝返り、起き上がりが苦手です。この場合は、「甘えていてはダメ」や「いい加減にしてください」などと強い口調で言わないで、さりげなく手助けをすることが重要です。

②緊張すると動きが鈍くなるため「早くしてください」などと急かしてはいけません。急かすと余計に足がすくみ、動けなくなります。

③薬が効かなくなるとまったく違った身体になるため、転倒に注意を払います。

④薬の副作用で舌がもつれ、本人が一生懸命に話しても相手にしてもらえないことが多くあります。介助者は障害をよく理解して話を聞き、応えていくことが症状の進行を抑えることにつながるかもしれません。

リハビリテーションの実際

　パーキンソン病のリハビリは、硬くなる関節（特に体幹）を動かすことを中心に行います。

➕リハビリプログラム➕

①関節可動域訓練（体幹の回旋運動を中心に）

②うつぶせ体操（お腹側にクッションを入れる）

③筋力増強訓練（お尻上げを基本にする）

④歩行訓練

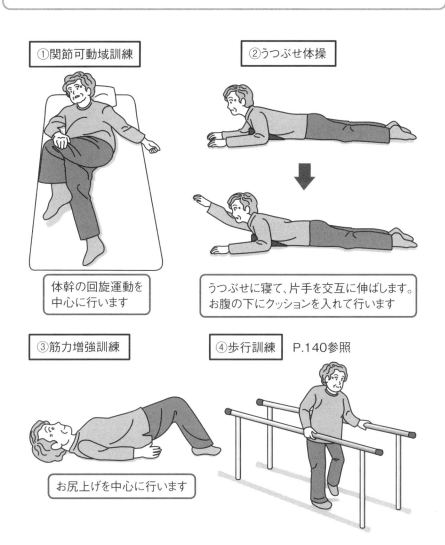

①関節可動域訓練

体幹の回旋運動を
中心に行います

②うつぶせ体操

うつぶせに寝て、片手を交互に伸ばします。
お腹の下にクッションを入れて行います

③筋力増強訓練

お尻上げを中心に行います

④歩行訓練　P.140参照

6

疾患別リハビリテーションの基礎知識

脊髄小脳変性症

人の手助けがとても大切な疾患です。なるべく本人の動き出しを尊重し、本人にとっても動作が難しいと思われるときに支え始めてください。

疾患の概要

　主に小脳の神経細胞が変性（細胞が少しずつ減っていく）していき、運動失調と呼ばれる症状が現れます。また、小脳だけでなく脊髄も障害されることがあるため、脊髄小脳変性症といわれます。

　原因は遺伝性のものと遺伝性でないものに分けられます。3割が遺伝性のもので、子供に伝わることがあります。残りの7割は遺伝性のものではありません（孤発性）が、生活習慣や食生活とこの病気との関係性はわかっていません。非遺伝性のものは、大半が多系統萎縮症です。

　多系統萎縮症は、神経系の複数の系統（小脳、大脳基底核、自律神経など）がおかされる疾患です。次の3つのタイプに分かれます。

▼小脳の萎縮

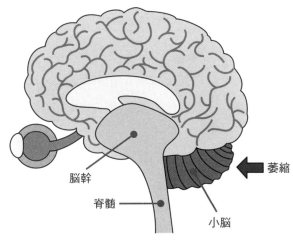

脳幹

脊髄

小脳

萎縮

①小脳失調型：歩行時にふらつく・呂律がまわらない

②大脳基底核型：パーキンソン病のような動作緩慢

③自律神経型：起立性低血圧・発汗障害・性機能障害

症状と経過

　主な症状は、立ち上がりや歩行時にふらつく、不規則に手が震えて物がつかみづらい、口や舌がもつれて話しづらいなどがあります。これらの症状はとてもゆっくりと進行していきます。病気が進んでも、コミュニケーションは十分に可能です。

▼主な症状

歩行時のふらつき

手を使った動作が困難になる

ろれつが回らない

目が細かく揺れる

治療の知識

　現在では根治療法はまだ存在していませんが、困っている症状を薬で和らげる対症療法があります。小脳性運動失調には注射薬や内服薬などで対応しており、これらは甲状腺ホルモンの分泌を促し、身体や神経系の働きをよくして症状を和らげる作用があります。また、起立性低血圧（めまい）や排尿障害、便秘などの自律神経症状に対しても薬物療法の適応があります。

リハビリテーションの実際

　病気のタイプによって異なるため個人差もありますが、多くの方は運動失調が伴っているので、転倒に注意することが中心になります。移動しているときには、あまり目を離さず支援を必要とします。

⊞ リハビリプログラム ⊞

①ストレッチ（特に下肢、可能であれば背筋）：〜5分
②起居移動動作訓練（寝返り・起き上がり）：5分
③筋力強化訓練（股外転筋・大腿四頭筋・前脛骨筋など）：〜10分
④歩行訓練（手首・足首に重り0.5kgほど装着）：5分〜10分
⑤バランス訓練（可能な肢位で、座位・立位・四つ這い）：1〜15分

①ストレッチ P.103参照

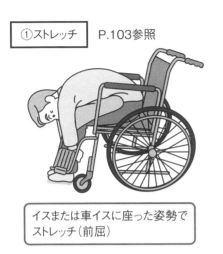

イスまたは車イスに座った姿勢で
ストレッチ（前屈）

②起居移動動作

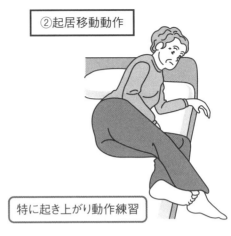

特に起き上がり動作練習

③筋力強化訓練

ここを意識

中臀筋のトレーニングです

④歩行訓練

重り約0.5kg

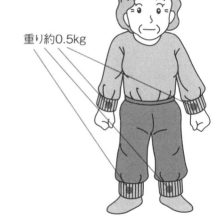

⑤バランス訓練 P.139参照

四つ這いの他に座位・立位

6

疾患別リハビリテーションの基礎知識

6-8 認知症

認知症ケアは言葉（口頭指示など）に頼りすぎないことと、「認知症だから」と決めつけないことが重要です。

疾患の概要

認知症は固有の病名ではなく、様々なタイプの症状を総称した呼び方です。原因は近年、画像診断装置などの発展でわかりつつありますが、基本的には不明な部分がほとんどです。

▼認知症の分類

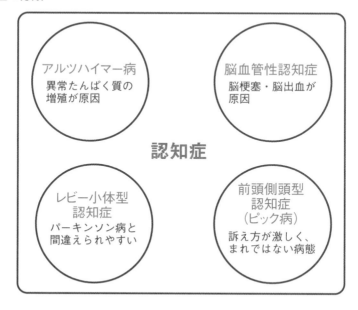

症状と経過

　大きく中核症状と周辺症状の2つに分けられています。過去に"問題行動"と言われていたのは周辺症状を指していて、現在はBPSD（Behavioral and Psychological Symptoms of Dementia）とも言われています。

※ BPSD: 認知症の行動・心理状態と表現されている

▼認知症の中核症状と周辺症状

```
┌────────────────────────────────────────────┐
│ 周辺症状                                     │
│ 周りの人たちとの関わりの中で起こる症状        │
└────────────────────────────────────────────┘

依存   不安   睡眠障害   不穏   せん妄

無気力  ┌──────────────────────┐  焦燥
        │ 中核症状              │
        │ 脳の神経細胞が壊れて起こる症状 │
        ├──────────────────────┤
誤認    │ 記憶障害              │  抑うつ
        │ 適切なときに適切な情報を出せない │
        ├──────────────────────┤
        │ 判断力障害            │
        │ 道筋を立てて考えることが困難 │
        ├──────────────────────┤
徘徊    │ 実行機能障害          │  妄想
        │ 計画を立てたりすることが困難 │
        ├──────────────────────┤
        │ 見当識障害            │
        │ 時間や場所の理解が困難 │
        ├──────────────────────┤
異食    │ 失行・失認・失語       │  幻覚
        │ 失行：服の着方や道具の使い方の理解困難 │
        │ 失認：物を見ても認識することが困難 │
        │ 失語：言い間違い、話し言葉の理解困難など │
        └──────────────────────┘

暴れる  叫ぶ  同じ話をする  収集  執着
```

6　疾患別リハビリテーションの基礎知識

治療の知識

　治療は薬物療法と非薬物療法を中心に行われています。薬物療法の有効性と、中核症状の改善が認められているのはアルツハイマー病のみですが、まだ認知症の根治には至っていません。しかし、介護の力で周辺症状の改善は数多く体験できているため、良好な関わりを根気よく続けることが、現在の私たちがやるべきことです。

認知症ケアで必要な事項

①質問をあまりしないこと

　ふとしたことで立ち上がった方に対して「どこに行かれますか？」など聞かないことです。即答できるようなら、症状で苦労はしていないはずです。

②自分の雰囲気を相手の雰囲気に合わせること

　基本的に認知症では、言葉のみのやり取りではなく、感覚（雰囲気）を合わせることが重要です。

③認知症だと決めつけない

　認知症と思い込んで関わると、相手の人間性が見えにくくなります。初めて認知症の方と接したときのような、普通の方としての関わり方が大切です。

④楽しい・笑う・嬉しいを引き出していく

　重度の認知症の方でも、私たちの笑顔は認識できます。楽しいことはフラストレーションの発散となり、笑うことはストレスの発散となります。たとえ楽しいことを忘れてしまっても身体は覚えているので、めげずに実践するのが重要です。難しいのは嬉しい感情を引き出すことですが、そのためには惜しみない努力をしましょう。

リハビリテーションの実際

　基本的ににぎやかなことが好きな方が多いようです。本人の好むことを基本に、"振り回されること"がリハビリでは重要となります。

✚ リハビリプログラム ✚

①精神面へのアプローチ（お互いが笑顔になる雰囲気）

②ホットパック（肩・腰・膝・ふくらはぎ）15分

③カーフパンピング（足首や足の指の運動）

④歩行訓練（特に夕方に行う）

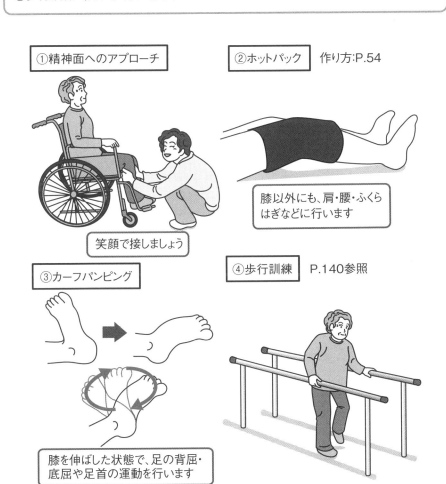

①精神面へのアプローチ

笑顔で接しましょう

②ホットパック　作り方:P.54

膝以外にも、肩・腰・ふくら
はぎなどに行います

③カーフパンピング

膝を伸ばした状態で、足の背屈・
底屈や足首の運動を行います

④歩行訓練　P.140参照

6

疾患別リハビリテーションの基礎知識

廃用症候群

　私たちの身体は、使わないところから廃用となっていくのが基本的な考え方です。逆に、少しでも身体を使えば廃用にはならないということも言えるのです。

疾患の概要

　高齢者は、通常の状態でも身体機能が低いために、病気でなくとも痛みや身体がだるいなどという要因が加わると、容易に廃用状態となってしまいます。また、不活動な生活が長期に続けば知的能力・精神活動も低下してしまうこともあります。

▼廃用症候群の要因

```
身体的要因：病気やケガ、体力の低下など
心理的要因：将来の不安・病気の不安・さみしいなど
環境要因　：人的環境（家族・近隣住民・友人／仲間）
　　　　　　：物理的環境（家屋構造・住環境・気候風土）
```

```
３つの要因がそろうと精神・身体ともに閉じこもっていく
```

```
受け身状態

閉じこもり
```
＋
```
・気分が乗らない
・痛みがある
・関節が硬くなる
・筋力が低下する
```
＋
```
身体を動かすのが
面倒になり、寝て
いる時間がさらに
増える
```

```
廃用症候群
```

症状と経過

　廃用症候群の症状は下記以外にも様々あります。病気というよりは、寝ているからこそ起こる症状の集まりです。この中で最も重要な点は"表情がなくなる"であり、他の症状とは少し異なるものです。筋力が使われないと脳幹網様体という器官へ刺激がいかないことで"表情がなくなる"つまり、目がハッキリ覚めない状態となります。これも介護現場では廃用症候群に加えるとよいでしょう。

```
◆廃用症候群の症状
  ●表情がなくなる
  ●知的能力・精神活動の低下→認知症、もの忘れ
  ●血圧調整機能低下→起立性低血圧
  ●心肺機能低下
  ●便秘、膀胱炎
  ●筋萎縮（筋力低下）
  ●骨萎縮（骨粗鬆症）
  ●関節拘縮・関節強直
  ●褥瘡
  ●バランス能力低下
```

治療の知識

　廃用症候群に対するリハビリは、以前は寝たきりを前提に行っていました。つまり、寝ている方に対して寝たままの姿勢で可動域訓練や筋力訓練などを行っていました。しかしこれでは、頭がボーっとした状態で行うため、心身機能の向上にはつながりません。

　現在は、寝ている方にベッド端に座ってもらい"座位姿勢"をとることが前提となっています。座ることで姿勢保持のための筋力を使い、脳幹網様体

6

疾患別リハビリテーションの基礎知識

を刺激するので、目がパチッと開いて覚醒します。この状態から、関節可動域訓練や筋力訓練などを行うことが治療の主流となっています。

▼脳幹網様体の働き

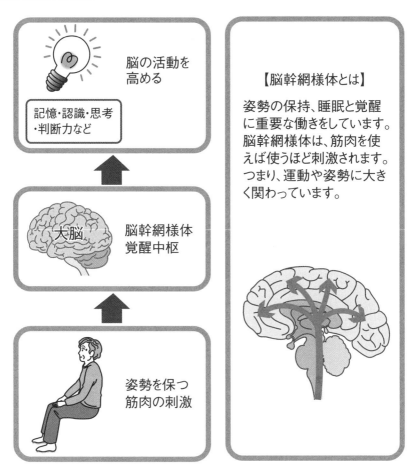

脳の活動を高める

記憶・認識・思考・判断力など

大脳　脳幹網様体覚醒中枢

姿勢を保つ筋肉の刺激

【脳幹網様体とは】

姿勢の保持、睡眠と覚醒に重要な働きをしています。脳幹網様体は、筋肉を使えば使うほど刺激されます。つまり、運動や姿勢に大きく関わっています。

リハビリテーションの実際

　寝ているからこそ起こる廃用症候群の症状は、座るという逆の姿勢をとることで徐々に改善していきます。単に座るのではなく、話しかけたり背中をさすったりすることが重要です。

➕ リハビリプログラム ➕

①ベッド端での座位（廃用症候群改善）

②精神面へのアプローチ（たくさん話しかける）

③マッサージ（背中〜腰を軽くさする）

①ベッド端での座位

筋力の増強につながります

②精神面へのアプローチ

たくさん話しかけましょう

③マッサージ

背中から腰にかけて、軽くさすりましょう

6

疾患別リハビリテーションの基礎知識

▼端座位の条件

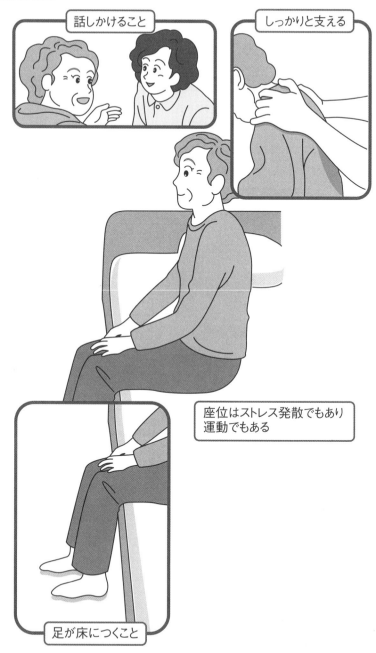

第 7 章

リハビリケアとしての
環境設定

　高齢者の自立を支え、身体をよいコンディションに保つ
ためには、イスやベッドまわりなどの環境を整えること
も大切です。

環境設定の基本

イスやベッドなどの環境を整えることで、心身へのダメージが減り、心地よい生活空間へ変わっていきます。

下腿長測定を行う

下腿長を測定して、環境を整える基準としていきます。

▼下腿長の測定

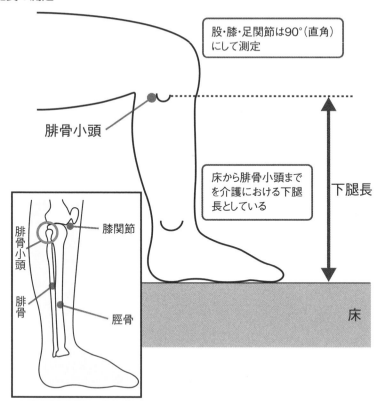

股・膝・足関節は90°（直角）にして測定

腓骨小頭

床から腓骨小頭までを介護における下腿長としている

下腿長

膝関節

腓骨小頭

腓骨

脛骨

床

①まず、腓骨小頭を探す

　イスに座った状態で測定します。人さし指で下腿の外側をゆっくり上へな

ぞっていくと腓骨小頭に当たります。その引っかかったところを基準にして、

床までの距離を下腿長とします。

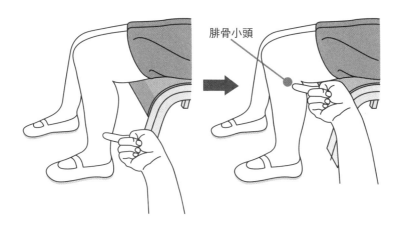

腓骨小頭

②メジャーで測定する

　股・膝・足関節は直角になるようにして、メジャーを腓骨小頭から床へ垂

直につけます（床を 0cm 基準）。

　靴は履いて測定しますが、履かなくても問題はありません。

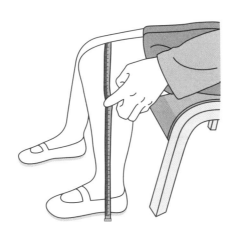

7

リハビリケアとしての環境設定

現在使用しているイスの高さが、本人に合っているのかどうかを確認します。合っていなければ、適切な高さのイスを用意するか、その高さに調整することが必要です。

イスの高さは合っているか

イスに座るとき、直に座っている人がいますが、高齢者のお尻は脂肪も筋肉も減弱しているため、座布団が必要です。座布団の厚さは最低でも 3cm ほど必要です。

ここまでで測った下腿長とイスの高さに座布団の厚さを加えて、適合性を調べます。

▼イスの高さの測定法

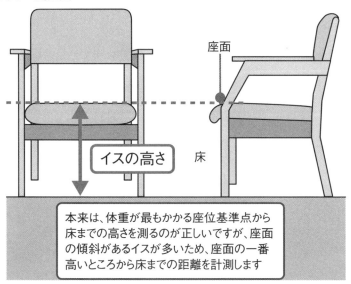

座面

イスの高さ　　床

本来は、体重が最もかかる座位基準点から床までの高さを測るのが正しいですが、座面の傾斜があるイスが多いため、座面の一番高いところから床までの距離を計測します

◆座る環境の適合性をみる

（イスの高さ＋座布団の厚さ）−下腿長＝適合性

【例 1】

（37cm ＋ 3cm）− 38cm ＝ 2cm（足が床につかないので不適合）

【例 2】

（37cm ＋ 3cm）− 40cm ＝ 0cm（ピッタリだが、厳しい）

【例 3】

（37cm ＋ 2cm）− 40cm ＝ − 1cm（足が十分に床につき適合）

　例 1 は下腿長が短いため、足が床につかず厳しい環境で過ごすことになります。座布団を敷かずに座ればピッタリですが、お尻の痛みを我慢することになります。

　例 2 は下腿長（40cm）と、イス＋座布団の高さが同じですので、ピッタリとなります。座布団の沈み込みにより足が床に十分につきますが、座布団の材質によっては厳しい環境になりやすいと考えます。

　例 3 では座布団の厚さを 2cm に変えました。これなら足が十分に床につき、身体を支えやすいです。しかし、厚さ 2cm の座布団では底付きしやすくなり、長時間座っていると、お尻の痛みが強くなると思われます。

　そもそも、高齢者において下腿長が 40cm ある人は現状では少ないと考えられます。座布団の厚みについては、イスの座面のクッション性が高ければ 2cm でもよいかもしれませんが、3cm は欲しいところです。そう考えると、イスの高さは 37cm でも高すぎるのではないでしょうか。

　現在使用しているイスは、利用する人にとって不適合かもしれません。一度、高齢者の座るイスが本当に身体に合っているかどうかだけでも、このようにして調べるとよいでしょう。

7

リハビリケアとしての環境設定

7-3 車イスの工夫

強い下肢拘縮のある方でも、工夫次第で車イスで座位を保ち、安楽に過ごしてもらうことができます。

車イスに乗り続ける場合

前提として、車イスは"イス"ではなく"運搬車"であると考えましょう。座位バランスがあれば、車イスからイスに乗り換える実践を行うことが重要です。

しかし、強い下肢拘縮のある方は、車イスに乗らなければ座位が保てません。したがって、車イスに乗っている状態で安楽にしていられる工夫をすることが重要となります。

▼車イスの各部名称

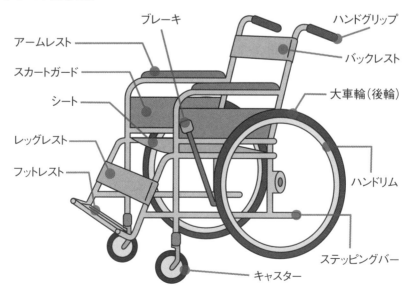

ブレーキ
ハンドグリップ
アームレスト
バックレスト
スカートガード
シート
大車輪（後輪）
レッグレスト
フットレスト
ハンドリム
ステッピングバー
キャスター

強い下肢拘縮があるからと"寝かせきり"にしてはいけません。

▼レッグレストの活用法

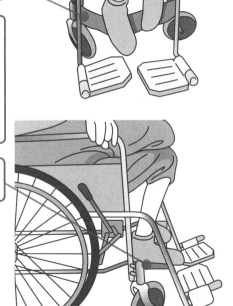

レッグレストをここに取り付ける

標準タイプに多い構造フレームに、レッグレストはピッタリと装着できます。こうすることで、拘縮の強い高齢者でも車イス座位ができます。足の裏も痛くならないので、フットレストより快適です

レッグレストをここに取り付ける

ポイント

基本的にレッグレストは外しておくのがよいですが、役に立つ物なので、捨てずに各車イスのポケットなどにしまっておきます。

7

リハビリケアとしての環境設定

ベッドまわりの環境

ベッドまわりの環境は、高齢者にとっては大変重要です。枕のまわりに生活用品があれば、ナースコールも鳴らさなくて済みます。

ベッドまわりの生活用品

在宅の高齢者のベッドまわりには、たくさんの生活用品があります。手を伸ばせば、寝ながらにして必要な物を手に取ることができます。つまり、立派に自立できている状態の方が多いのです。

施設であっても、ベッドの上の手が届くところに物がたくさんあるということは、不自由な状態にある高齢者にとって大切なことです。ベッドの上に物を置けばギャッジアップはしにくくなりますが、だから「置いてはいけない」とするのではなく、物を1つひとつ移動する手間を惜しまないことが、"環境設定"でもあります。

▼在宅のベッドまわりの例

在宅のベッドには一般的に宮台が付いており、生活用品を置きやすい

▼施設でのベッド環境の工夫

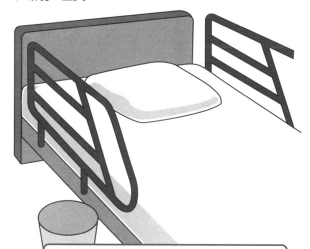

施設のベッドではギャッジアップ機能を使うため、
枕まわりには物が置けないことがあります

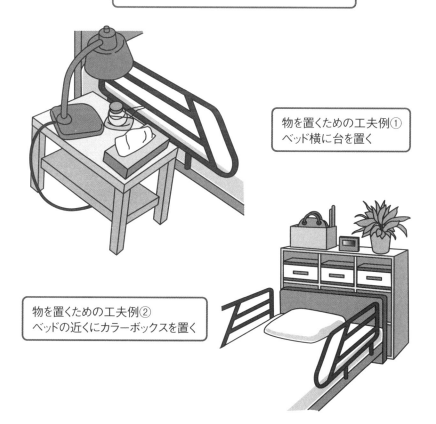

物を置くための工夫例①
ベッド横に台を置く

物を置くための工夫例②
ベッドの近くにカラーボックスを置く

7-5 部屋の環境

部屋全体の環境設定は、居心地よく "しつらえる" ことが大切です。生活の場の環境を設定するときは、実際にそこに滞在して、居心地などを確認しなければなりません。

模様替えの効果

施設の部屋では "模様替え" という発想は少ないと思います。しかし、障害があり不自由な身体能力でもあるため、時には "模様替え" をして使いやすい環境にすることが大切です。気分も変わりますので精神面にもよい効果があるかもしれません。もちろん、認知症で悩んでいる方にはあまり環境を変えすぎてはいけません。

じゅうたんを敷くと、より部屋らしくなりあたたかみが生まれます。家族も過ごしやすくなり、滞在時間が増えるかもしれません。
ダニやホコリは、掃除をすれば問題ありません。じゅうたんの端は、つまづかないように固定しておきましょう。もし転倒した際は、じゅうたんが衝撃をある程度吸収してくれるので、じゅうたんがない場合より骨折のリスクは低くなると考えられます

▼居室の模様替えの例①（パーキンソン病の方）

Before

After

以前の状態（写真Before）では、ベッドの右（写真では向かって左）にあるポータブルトイレに移動した後ベッドに戻るときに、疲れるためかよく転落していました。現在の場所に変更後（写真「After」）、ベッドに戻るときに利き手がベッド柵に届くため転落がなくなりました。トイレの移動に伴い、パソコンも反対側に移動したところ、タンスの引き出しが活用しやすくなりました。

7

リハビリケアとしての環境設定

▼居室の模様替えの例②（認知症の方）

Before

After

以前の状態（写真Before）では、認知症の影響から靴のままベッドに上がってしまうことが多かったため、家族と話し合ってイグサのカーペットを敷き、靴を脱ぐ意識をつけてみました。転倒のリスクは高く賛否がありましたが、このときは本人の元の生活が畳であったためカーペットの手前で靴を脱ぐなどしてくれて思惑通りになりました。部屋のしつらえとしては、本人の思い出が強いものをたくさん目に見える場所に設置すると「これは私が作った服だな」など、家ではない違和感は残りつつも安心する時間が増え、「ここは私のところ」と居心地がよくなりました。

Appendix

巻末資料

主な筋肉と骨

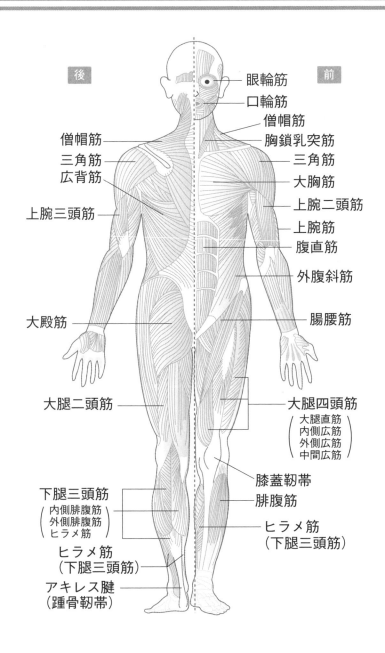

後   眼輪筋   前

口輪筋

僧帽筋

僧帽筋   胸鎖乳突筋

三角筋   三角筋

広背筋   大胸筋

上腕三頭筋   上腕二頭筋

上腕筋

腹直筋

外腹斜筋

大殿筋   腸腰筋

大腿二頭筋   大腿四頭筋

（大腿直筋
内側広筋
外側広筋
中間広筋）

膝蓋靭帯

下腿三頭筋   腓腹筋
（内側腓腹筋
外側腓腹筋
ヒラメ筋）

ヒラメ筋
（下腿三頭筋）

ヒラメ筋
（下腿三頭筋）

アキレス腱
（踵骨靭帯）

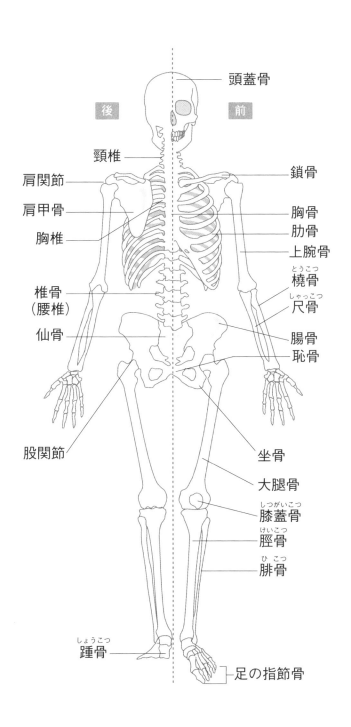

頭蓋骨

後　前

頸椎

肩関節

鎖骨

肩甲骨

胸骨

胸椎

肋骨

上腕骨

橈骨
とうこつ

尺骨
しゃっこつ

椎骨
（腰椎）

腸骨

恥骨

仙骨

股関節

坐骨

大腿骨

膝蓋骨
しつがいこつ

脛骨
けいこつ

腓骨
ひ こつ

踵骨
しょうこつ

足の指節骨

知っておきたいリハビリ用語

アライメント（alignment）

整形外科や理学療法の分野では、骨や関節の配列という意味で使われる。

運動療法

関節の曲げ伸ばしや歩行など、身体を動かすことで機能回復や症状の改善を目指す療法。

温熱療法

ホットパックやパラフィン浴など、温熱を利用して局所または全身を温める物理療法。

カーフパンピング

足関節・足指を背屈、底屈する屈伸運動。ふくらはぎの筋肉を収縮させること。また、深部静脈血栓症を予防する目的で行うことが多い。

介護予防

厚生労働省策定の介護予防マニュアルには「要介護状態の発生をできる限り防ぐ（遅らせる）こと、そして要介護状態にあってもその悪化をできる限り防ぐこと、さらには軽減を目指すこと」と定義されている。介護保険制度に基づき要支援認定を受けた人に対し、運動機能や栄養状態などの改善を目指した支援が提供される。

下肢静脈瘤

足の血管（静脈）が膨れてコブのようになる病気。良性の疾患のため、治療をしなくても健康を損なうことはない。しかし、足のだるみやむくみ（浮腫）などが日常的に起こることもあり、また、見た目が悪くなるため、圧迫療法や硬化療法、ストリッピング手術、血管内レーザー治療などの治療がある。

過負荷

普段よりも強い負荷。筋肉は過負荷でトレーニングしないと強くならない性質を持つが、一方、負荷をかけすぎるとダメージを受ける。

間欠性跛行

歩くと下肢に痛みやしびれなどが生じて歩行困難となるが、少し休むとまた歩けるようになり、それをくり返す症状。主な原因に、閉塞性動脈硬化症などによる下肢の血管障害、腰部脊柱管狭窄などによる神経障害がある。

関節可動域訓練（ROM訓練）

関節の拘縮を防ぎ、関節を動かせる範囲の維持や増大を目的とした訓練。ROMとはrange of motionの略で、関節可動域の意味。

関節モビライゼーション

関節の痛みや可動域の狭まりを改善するため、手で関節を動かしたり緩めたりする施術。

患側

マヒや障害などがある側。

寒冷療法

氷や保冷剤、コールドスプレーなどを利用して、寒冷刺激を局所または全身に与える物理療法。

起立性低血圧

立ちくらみ。急に起き上がったり立ち上がったりしたときに血圧が下がって起こる。抗うつ薬などの薬剤が原因で起こることもある。

筋萎縮

筋組織が縮み、やせること。筋肉を使わないことが原因であるもの、筋肉の病気（筋ジストロフィーなど）によるもの、筋肉神経の病気（筋萎縮性側索硬化症：ALSなど）によるものがある。

筋力増強訓練

筋力を強化する運動。指導する人が手で押さえたり、重りや機械を使うなどして、負荷をかけて行う。筋力がかなり衰えている場合は、重力だけでも相当な負荷となる。

痙縮

脳卒中の後遺症（運動障害）で、筋肉が必要以上に緊張しすぎて、手足が動かしにくかったり、勝手に動いてしまう状態のこと。

健側

障害を受けていない側。

A

巻末資料

交感神経

活性化すると、血管を収縮させ、心拍数は増加、血圧を上昇させる。緊張しているときやストレスがあるときにも働く。痛みを強く感じるようにもなり、便秘につながることもある。

抗重力位

重力に抵抗した体位のこと。

拘縮

関節を動かさないことによって関節の内部組織が収縮し、関節の動く範囲（関節可動域）が狭まった状態。

固縮

中枢神経の障害により筋肉の緊張が持続的に高まり、こわばった状態。

骨粗鬆症

骨の代謝バランスが崩れて、骨を作る骨形成よりも骨を壊していく骨破壊が上回り、骨が弱くなること。閉経後の高齢女性に特に多くみられる。

最大筋力

筋肉が瞬間的に出せる最大の力。

残存機能

障害や老化で身体の機能が損なわれていてもできること。維持と活用が望まれる。

自律神経

生きていく上で欠かせない生命活動を維持するために24時間働き続ける神経。交感神経と副交感神経のバランスを担う（相反）役割がある。

神経筋再教育

脳血管障害などで障害を受けた中枢神経や末梢神経の機能を回復させ、筋の正常な運動を再獲得させるためのリハビリテーション。ボバース法やPNF法など様々なアプローチがある。

体幹

人体の身体を支える胴の部分。

大腿四頭筋
身体の体重を支えるために役立っており、大腿直筋、外側広筋、内側広筋、中間広筋の4つの筋肉で構成されている。これらの筋力が弱ると膝痛の原因となることもある。

日常生活動作訓練（ADL訓練）
日常生活動作（activities of daily living：ADL）とは、食事、排泄、整容、更衣、移動、歩行などの動作を指す。病気などによってできなくなったこれらの基本的動作を、日常生活において再びできるようにするための訓練。

認知運動療法
脳血管障害による片マヒなどのリハビリテーションとして、脳の認知機能（知覚・注意・記憶・判断など）そのものに働きかけて運動機能の回復を図る方法。神経生理学の研究が基礎になっている。

廃用症候群（生活不活発病）
長期間の安静状態が続くと心肺機能の低下から様々な症状が出現してくるが、その症状群のことをいう。また、加齢による運動量の減少も廃用症候群の要因の1つとされている。

ハムストリングス
太ももの後ろにある筋肉（大腿二頭筋、半膜様筋、半腱様筋）の総称。

ファシリテーション
神経または筋肉に様々な刺激を加えることで、訓練効果を高めるリハビリテーション技法の一種。

副交感神経
リラックスしているときや入眠中に優位となる。血圧を下げたり、心拍数を低下させたり、筋肉を緩ませたりする働きがある。また、腸の蠕動運動を活発させて朝の排便にもつながる。

物理療法
温熱や電気、マッサージなどの物理的な手段を利用して行う療法。

ペルビックティルト
骨盤を前傾・後傾させるエクササイズ。骨盤体操とも呼ばれる。

A

巻末資料

索引 I

索引 Ⅱ
運動・介助方法など

●著者紹介

加藤　慶 (かとう　けい)

1972年、愛知県生まれ。理学療法士。中部リハビリテーション専門学校卒業。

老人病院、特別養護老人ホーム、複合福祉施設（愛知たいようの杜、ゴジカラ村）を経て、生活介護研究所に所属。在宅・施設を問わず、本音でわかりやすい介護を様々な場で提案している。

ユニットケア導入から確立、介護の質の立て直しなどに幅広く携わり、ユーザー主体のノウハウを数多く持つ。生活介護研究所の機関紙『介護職人かわらばん』をはじめ雑誌などへの執筆、セミナー講師、慈恵福祉保育専門学校講師としても活躍中。著作に『認知症あったかKAIGOとしあわせケアプラン』（共著、関西看護出版）、『介護スタッフのための安心！リハビリ知識』（秀和システム）、監修に『早引き　介護の拘縮対応ケアハンドブック』（ナツメ社）などがある。

●参考文献

『大田仁史の脳卒中いきいきヘルス体操』大田仁史、荘道社、1985

『介護基礎学』竹内孝仁、医歯薬出版、1998

『介護技術学』三好春樹、雲母書房、1998

『クスリも鍵もいらない介護』松林誠志、雲母書房、2001

『腰痛を防ぐらくらく動作介助マニュアル』山本康稔・加藤宗規・中村恵子、医学書院、2002

『基礎運動学（第6版）』中村隆一・齋藤宏・長崎浩、医歯薬出版、2003

『看護覚え書き』F. ナイティンゲール、小玉香津子・尾田葉子訳、日本看護協会出版会、2004

『よくわかる生理学の基本としくみ』當瀬規嗣、秀和システム、2006

『マジック体操で腰痛・肩こりさようなら』丹羽滋郎、暮らしの手帖社、2007

『ちゃんと洗う・笑う・パーフェクト入浴アシスト帳』坂本宗久、筒井書房、2009

『理学療法データブック』有馬慶美、文光堂、2010

『介護スタッフのための安心！医学知識』大瀧厚子、秀和システム、2011

『図解ひとめでわかるリスクマネジメント第2版』仁木一彦、東洋経済新報社、2012

『ぜんぶわかる筋肉・関節の動きとしくみ事典』川島敏生、成美堂出版、2012

・本書は『介護スタッフのための安心！リハビリ知識』（2012年・秀和システム刊）に加筆・修正を加え再編集したものです。

■ カバーデザイン ………… 古屋 真樹（志岐デザイン事務所）
■ カバーイラスト ………… 加藤 陽子
■ 本文イラスト …………… 武村 幸代
　　　　　　　　　　　 シママスミ（P.206 〜 P.207）

かい ごしょく
介護職スキルアップブック
て ばや　　 まな　　　　　　　 み
手早く学べてしっかり身につく！
ち しき　　 ぎ じゅつ
リハビリの知識と技術

発行日　2023年 12月 25日　　　　　　　第1版第1刷

　　　　　　 か とう　けい
著　者　加藤　慶

発行者　斉藤　和邦
発行所　株式会社　秀和システム
　　　　〒135-0016
　　　　東京都江東区東陽2-4-2　新宮ビル2F
　　　　Tel 03-6264-3105（販売）Fax 03-6264-3094
印刷所　三松堂印刷株式会社　　　　　Printed in Japan

ISBN978-4-7980-7106-0 C3036